TERRA

Russland und China
Zwei Weltmächte im Wandel

Ernst Klett Verlag
Stuttgart · Leipzig

Inhaltsverzeichnis

1 Festigen Sie Ihr Wissen 3
1.1 Staatswerdung und Grunddaten – Russland und China 3
1.2 Russland – durch Transformation zum Wirtschaftswunder? 4
1.2.1 Das naturräumliche Potenzial 4
1.2.2 Raumerschließung und Besiedlung (bis 1991) 6
1.2.3 Zusammenbruch und Transformation – neue Kooperationen 7
1.2.4 Agrarräume und ihr Wandel – Agrarprobleme 8
1.2.5 Industrie und Handel 9
1.2.6 Neuorientierung im städtischen Raum 11

1.3 Volksrepublik China – Weltmacht des 21. Jahrhunderts? 12
1.3.1 Chinas Naturraum zwischen Gunst und Ungunst 12
1.3.2 Bevölkerungsentwicklung in China 13
1.3.3 Chinas eigener Weg in der Landwirtschaft 14
1.3.4 Chinas Aufstieg zum Industriestaat 15
1.3.5 Verstädterungsprozesse 17
1.3.6 Chinas wachsende Bedeutung in der Weltwirtschaft 17
1.3.7 Räumliche, soziale und ökologische Auswirkungen des wirtschaftlichen Wandels 18

2 Überprüfen Sie Ihr Wissen 19
Testaufgaben zur Selbstkontrolle 19
Lösungshinweise 20

3 Wenden Sie Ihr Wissen an – eine Klausur zum Üben 23
Energierohstoffe – Russlands Basis für eine goldene Zukunft? 23
Lösungshinweise 24

1 Festigen Sie Ihr Wissen

1.1 Staatswerdung und Grunddaten – Russland und China

Sowjetunion: aus der Oktoberrevolution hervorgegangener Staat mit kommunistischer Ideologie; wurde am 21.12.1991 aufgelöst.

Russland: einerseits der Name des Vorgängerstaates (Zarenreich) der Sowjetunion, andererseits seit Ende 1991 der größte Nachfolgestaat der Sowjetunion; als solcher eigentlich: Russische Föderation.

Volksrepublik China: entstand 1949 durch den Sieg Mao Zedongs; bis heute ein Land mit kommunistischer Staatsideologie und Einparteienherrschaft.

Lenin: Begründer der kommunistischen Sowjetunion; seine Weiterentwicklung des Kommunismus: Leninismus.

Mao Zedong: Mitbegründer der KPCh, Staatschef von 1949–1976; die von ihm konzipierte Gesellschaftslehre: Maoismus.

Nationalitätenfrage: sowohl in Russland als auch in China gibt es ethnische Minderheiten, deren Eingliederung in das Staatswesen zum Teil Schwierigkeiten bereitet.

GUS: Gemeinschaft unabhängiger Staaten; loser Staatenbund, der 12 ehemalige Sowjetrepubliken umfasst; Hauptsitz: Minsk, Weißrussland.

Sonderverwaltungszonen: die ehemaligen Kolonien Macao (portug.) und Hongkong (brit.), mit weitgehenden politischen und (markt)wirtschaftlichen Freiheiten.

Raumweite: Begriff, der die kontinentalen Ausmaße von Ländern wie Russland oder China bezeichnet; erfasst sowohl die landschaftliche und klimatische Differenzierung als auch weitere Gunst- und Ungunstfaktoren (z. B. Ressourcenreichtum, Erschließungsproblematik).

BIP: Bruttoinlandsprodukt. Gesamtwert aller Waren und Dienstleistungen, die innerhalb eines Jahres in einem Land erzeugt werden (einschließlich der von Ausländern erbrachten Leistungen).

BSP/BNE: Bruttosozialprodukt, Bruttonationaleinkommen. Gesamtwert aller Waren und Dienstleistungen innerhalb eines Landes während eines Jahres, einschließlich der Einkommen, die aus dem Ausland bezogen werden, aber ohne die Einkommen, die an Ausländer gehen.

Leistungsbilanzsaldo: Setzt sich zusammen aus der Handelsbilanz und der Dienstleistungsbilanz (Exporte minus Importe) sowie der Übertragungsbilanz (z. B. Überweisungen von Ausländern in ihre Heimatländer).

Ländervergleich

Sowohl Russland mit seinen 17,1 Mio. km² als auch China mit 9,6 Mio. km² kann man als Staaten mit **kontinentalen Ausmaßen** bezeichnen (zum Vergleich: Europa ca. 10 Mio. km²). Dabei ist der hier verwendete Begriff der **Raumweite** allerdings ambivalent zu sehen: Auf der einen Seite enthält er positive Aspekte, wie den **Ressourcenreichtum** beider Länder oder auch die Tatsache, dass die räumliche Größe auch die Möglichkeit einer großen Nutzungsvielfalt enthält. Auf der anderen Seite relativiert sich der Begriff durch die **Raumausstattung**. Die ausgedehnten Gebiete der **Tundra** und **Taiga** in Russland sind ebenso nutzungsfeindlich wie die Gebirgsräume und Hochplateaus oder die Trockenräume Chinas (z. B. Tibet, Wüste Gobi). Die großen Entfernungen stellen darüber hinaus auch ein Problem für den Gütertransport dar und tragen auch zu den **regionalen Disparitäten** bei, unter denen beide Staaten leiden – China allerdings noch mehr als Russland. Konzentriert sich die Bevölkerung der Russischen Föderation auf den europäischen Landesteil, so findet dies sein Pendant in den östlichen Provinzen Chinas und hier noch einmal besonders im Küstenraum. In der politischen Entwicklung beider Staaten gibt es ebenfalls unübersehbare Parallelen, wenn hier auch seit 1990 eine Differenzierung eingetreten ist. Sowohl Russland bzw. sein Vorgängerstaat, die **Sowjetunion**, als auch China entwickelten sich im 20. Jahrhundert zu Staaten auf der Basis der **kommunistischen Ideologie** – der eine seit der **Oktoberrevolution 1917 unter Lenin**, der andere seit dem Sieg **Mao Zedongs 1949**. Während sich die Sowjetunion allerdings im Dezember 1991 auflöste und Russland als ihr größter **Nachfolgestaat** einen politischen und wirtschaftlichen Wandel durchmacht, den man (wie bei allen ehemals kommunistischen Ländern) als **Transformation** bezeichnet, hat sich die politische Situation Chinas nicht grundlegend geändert – hier herrscht immer noch die allmächtige Kommunistische Partei (KPCh). In der Wirtschaft allerdings passieren auch hier seit ca. zehn Jahren erhebliche Umbrüche; die Tendenzen von der zentral gelenkten **Planwirtschaft** (Zentralverwaltungswirtschaft) hin zur **Marktwirtschaft** sind auch in China, vor allem in den Städten an der Pazifikküste wie Shanghai oder Shenzhen, unübersehbar. Wie in Russland gibt es hier eine starke Verwestlichung der Strukturen.

Zu den wirtschaftlichen Parallelen gehört auch die enge Verflechtung von Ökonomie und Staat. In China aufgrund des politischen Systems eine Selbstverständlichkeit, existiert sie durchaus auch in Russland. Hier handelt es sich um die Verzahnung der **Oligarchen** (mächtige Konzernchefs, vgl. S. 9) mit der politischen Führung in Moskau. Zu den Unterschieden gehört vor allem die **Bedeutung der Landwirtschaft**: Liegen deren Anteile am BIP und bei den Beschäftigten in Russland nur etwas über dem westlichen Durchschnitt, so ist sie in China bei den Beschäftigten (2005: 45 %) noch der dominierende Wirtschaftszweig.

1.2 Russland – durch Transformation zum Wirtschaftswunder?
1.2.1 Das naturräumliche Potenzial

Orographie: auf der Basis des Reliefs die Gliederung eines Raums in Großlandschaften.
Pleistozän: Zeitalter der Eiszeiten, ca. 1 Mio. bis 10 000 Jahre vor unserer Zeitrechnung; in ihm wurden große Teile der Erdoberfläche – auch in Russland – glazial (eiszeitlich) überformt.
Kontinentalität: zeigt sich beim Klima durch eine hohe Temperaturamplitude; kalte bis sehr kalte Winter, sehr warme bis heiße Sommer; in Russland der bestimmende Klimafaktor mit zunehmender Kontinentalität von West nach Ost.
Geofaktoren: die natürlichen Gegebenheiten, die das Aussehen der Landschaft prägen.
Morphologie: Beschaffenheit, Ausprägung der Erdoberfläche (Berge, Talungen, Ebenen ...).
Bodentypen: Böden mit gleichem Entwicklungsstand und damit gleicher Ausprägung der einzelnen Bodenhorizonte; z. B. Podsol, Schwarzerde, Braunerde.
Tschnernosem, Schwarzerde: fruchtbarer, auf Löss gebildeter Bodentyp mit mächtigem humusreichem A-Horizont; kommt vor allem in den kontinentalen Wald- und Grassteppen Russlands, der Ukraine und des nördlichen Kasachstans vor; wird hier bevorzugt für den Weizenanbau genutzt.
Taiga: Gürtel des borealen Nadelwalds (boreal: der nördlichen Hemisphäre), besonders in Sibirien; äußerst bedeutsam für die Holzgewinnung in großen Holzkombinaten.
Tundra: vegetationsarme Kältesteppe in Nordrussland, vor allem niedrige Hölzer, Sträucher, Gräser, Moose, Flechten; nutzungsfeindlich.
energetische Rohstoffe: umfassen die zahlreichen in Russland vorkommenden Primärenergieträger wie Stein- und Braunkohle (Eisen schaffende Industrie, Stromerzeugung), Erdöl und Erdgas (Raffinierung, Export), Uran (Stromerzeugung, Export) und Wasser (Stromerzeugung).
Vegetationsperiode: die Zeit, in der Pflanzenwachstum möglich ist; > 5 °C Tagesmittel.
Permafrostboden: (deutsch: Dauerfrostboden) ganzjährig gefrorener Boden, der in den Sommerwochen höchstens oberflächlich auftaut; eines der großen Nutzungshemmnisse Russlands, da er mit ca. 9 Mio. km² rund 53 % der Fläche des Landes einnimmt.
Agrardreieck: das Gebiet intensiver agrarischer Nutzung in der Sowjetunion bzw. ihren heutigen Nachfolgestaaten; es erstreckt sich keilförmig zwischen Ostsee und nördlichem Kaspischen Meer (Westen) bis zum Baikalsee (Ostspitze des Keils); begrenzt wird es im Norden vor allem durch die niedrigen Temperaturen und den Permafrostboden, im Süden durch die zunehmende Trockenheit.

Schon die **Bevölkerungsverteilung** Russlands gibt erste Hinweise auf die natürlichen Gunst- und Ungunsträume des Landes. Wie ein Keil erstreckt sich zwischen Smolensk (südlich von St. Petersburg) und Sotschi (am Schwarzen Meer) bis nach Nowosibirsk ein Gebiet relativ hoher Bevölkerungsdichte und Urbanisierung. Es umfasst damit den größeren Teil des europäischen Russland (außer dem nördlichen Drittel) sowie den Südural und die südlichen Regionen Westsibiriens; die anderen Räume, also der flächenmäßig größere Teil des Landes, sind äußerst dünn besiedelt.

Obwohl es für die Bevölkerungsverteilung eines Landes unterschiedliche Gründe gibt, wie z.B. historische oder sozio-ökonomische, entspricht ihr Bild in Russland doch auch den naturgeographischen Bedingungen. Zu ihnen gehören im Wesentlichen die folgenden Faktoren:

Relief und Großlandschaften: Gunsträume sind hier vor allem das Osteuropäische Tiefland – von Wolga, Don und Dnjepr durchflossen, die südlichen Ausläufer des Ural mit dem sich anschließenden Kaspi-Turan-Tiefland sowie die von Flüssen und Seen gebildeten Beckenlandschaften in Südsibirien. Besondere Ungunsträume stellen dagegen die Gebirgslandschaften Mittel- und Ostsibiriens dar.

Klima: Die klimatischen Grenzen werden vor allem durch die **Kontinentalität** mit abnehmenden Temperaturen nach Osten hin bestimmt. Moskau weist mit 17,8 °C im Juli, −10,3 °C im Januar und 4 °C im Jahresmittel bereits ein stark kontinentales Klima auf; im ostsibirischen Jakutsk liegen die entsprechenden Werte dann sogar bei 18,8 °C, −43,2 °C und −10,2 °C. Als weiteres prägendes Klimamerkmal ist die zunehmende Trockenheit nach Süden hin zu nennen.

Dieser Faktor beschränkt die Nutzung der Räume durch den Menschen. Die in großen Teilen Russlands **zu kurze Vegetationsperiode** lässt in Verbindung mit dem über die Hälfte des Landes umfassenden **Permafrostboden** häufig keine agrarische Nutzung zu. Letzterer stellt auch ein Hemmnis für die Förderung von Bodenschätzen (z. B. Erdöl und Erdgas im nördlichen Westsibirien) sowie für die Errichtung von Siedlungen und Infrastruktureinrichtungen dar. Die wichtigsten Gründe für das herrschende Klima sind: die nördliche Lage im Gradnetz, die kontinentale Tiefe des Raums nach Osten hin, die Lage an kalten Nordmeeren (Nordpolarmeer, nördlicher Pazifik), das winterliche asiatische Kältehoch.

1.2 Russland – durch Transformation zum Wirtschaftswunder?

M1 Vegetationszonen

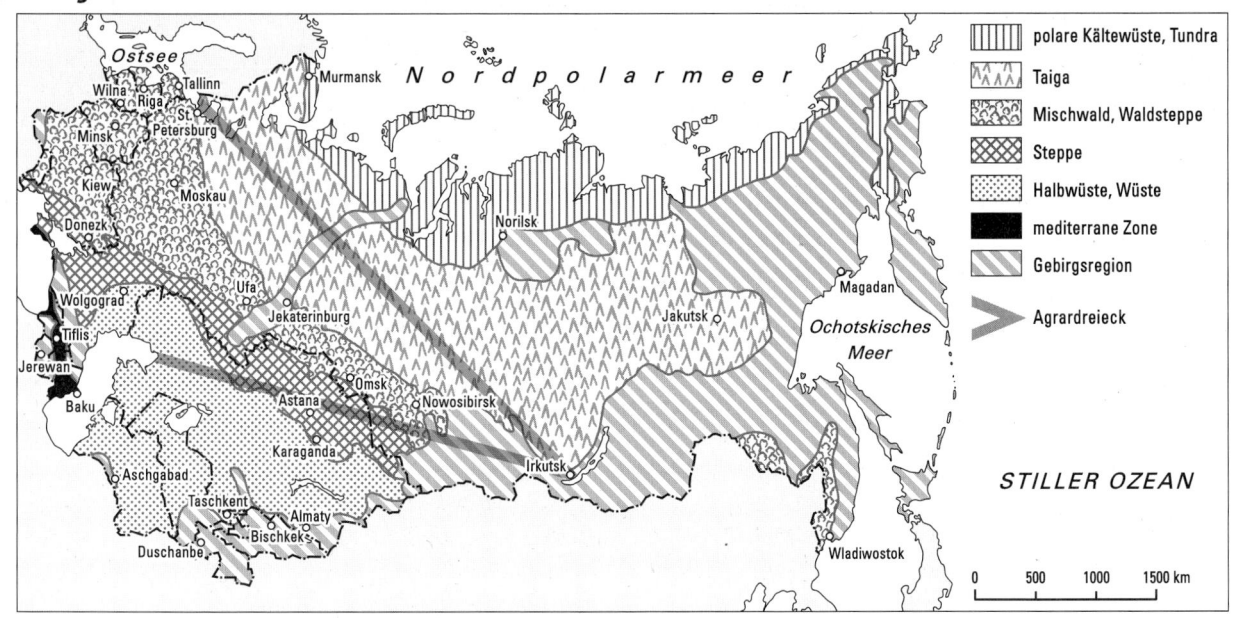

Legende:
- polare Kältewüste, Tundra
- Taiga
- Mischwald, Waldsteppe
- Steppe
- Halbwüste, Wüste
- mediterrane Zone
- Gebirgsregion
- Agrardreieck

Böden: Ihre Bildung hängt eng mit den klimatischen Gegebenheiten zusammen, und zusammen mit diesen bestimmen sie die agrarischen Nutzungsmöglichkeiten und -formen. Die vorherrschenden Böden sind:
- der gering fruchtbare **Podsol**, bei dem durch das humide Klima die organischen und mineralischen Stoffe aus den oberen Horizonten ausgewaschen sind; er ist der typische Boden für die anspruchslose Vegetation (Kiefern, Lärchen, Birken) der **Taiga**,
- die **Schwarzerde**, nach dem Russischen auch **Tschernosem** genannt, fruchtbare Steppenböden mit einem mächtigen Humus-Horizont, die eine vielfältige agrarische Nutzung zulassen, in milden Klimaten z. B. den Weizenanbau; sie sind allerdings nach der Rodung bzw. Ernte stark erosionsgefährdet;
- der **kastanienfarbige Boden** der kontinentalen Trockengebiete, die in der Regel mineralreich sowie wasser- und luftdurchlässig sind und damit auch relativ fruchtbar, wobei Ackerbau jedoch meist nur mit Bewässerung möglich ist; sie kommen in Russland allerdings nur marginal am Kaspischen Meer vor,
- die fruchtbare **Braunerde** des gemäßigt-humiden Klimas mit Laubwald als natürlicher Vegetation, ähnlich wie in Mitteleuropa.

Das Zusammenspiel von Oberflächenformen, Klima und Bodenbeschaffenheit (einschließlich des Dauerfrostbodens) hat in der ehemaligen Sowjetunion zur Herausbildung des so genannten **Agrardreiecks** geführt, dessen räumlich weitaus größter Teil im heutigen Russland liegt. Es dokumentiert gleichzeitig die Begrenzung der Raumnutzung und macht dadurch deutlich, wie groß die Fläche ist, die dem Menschen – zum Beispiel für eine landwirtschaftliche Nutzung – nicht zur Verfügung steht.

Zum naturräumlichen Potenzial Russlands gehören neben Relief, Klima und Böden auch die **natürlichen Ressourcen**. Hier sind vor allem drei Bereiche zu nennen: die gewaltigen Holzvorräte der Taiga, der ungeheure Rohstoffreichtum sowie das Wasser der großen Ströme.
Holz wird seit der sowjetischen Zeit in großen Holzkombinaten wie im südsibirischen Bratsk geschlagen und verarbeitet. Zu den bedeutendsten Rohstoffen gehören die energetischen, z. B. die Steinkohlenvorkommen im Kusnezker Becken als Basis für die Stromerzeugung und die Eisen und Stahl erzeugende Industrie oder die Erdgas- und Erdölvorkommen am westlichen Ural und im nördlichen Westsibirien, die zum einen die Grundstoffe für Raffinerien und die chemische Industrie liefern, zum anderen eine herausragende Stellung für den Export haben. Zwar gab es hier Rückgänge im ersten Jahrzehnt der Transformation zu verzeichnen, doch bewegen sich die Förder- und Liefermengen seit 2000 wieder konstant nach oben. Russland ist heute der weltgrößte Exporteur von Erdgas und einer der größten beim Erdöl. Allerdings sind die Reserven zeitlich stark begrenzt; wird im bisherigen Umfang weiter gefördert, dann ergibt sich beispielsweise beim Öl nur noch eine Reichweite von rund 19 Jahren. Von besonderer Bedeutung ist bei den energetischen Rohstoffen das Unternehmen Gazprom, Russlands größter Konzern (auch hinsichtlich der Arbeitsplätze: 350 000). Es baut auch in Verbindung mit deutschen Firmen die umstrittene Ostseepipeline. Die Ressource Wasser schließlich findet sich in den großen Strömen; genutzt wird sie vor allem zur Stromerzeugung an den Staustufen von Wolga, Jenissej oder Angara. Für den Warentransport dagegen spielen die Flüsse kaum eine Rolle, da sie entgegen der Haupttransportrichtung von Süd nach Nord verlaufen und die sibirischen Ströme in das für den Handel gänzlich unbedeutende Nordpolarmeer münden.

1.2.2 Raumerschließung und Besiedlung (bis 1991)

Raumerschließung: Vordringen des Menschen in Naturräume, um diese siedlungsmäßig und wirtschaftlich ‚in Wert zu setzen'.

Transsib: Kurzform für die Transsibirische Eisenbahn, mit der nach 1870 die planmäßige Erschließung Sibiriens begann.

Planwirtschaft: Zentralverwaltungswirtschaft, in ihr wurden alle wirtschaftlichen Entscheidungen und Planziele für die gesamte Sowjetunion zentral getroffen und festgelegt; die Starrheit dieses Systems stellte nach 1991 ein wesentliches Hindernis für die Transformation zur Marktwirtschaft dar.

Gosplan: Behörde in Moskau, die die zentralen Wirtschaftsziele formulierte und festlegte.

Fünfjahresplan: die Produktionsziele wurden für einen Fünfjahresrhythmus festgelegt; auch dieser Zeitrahmen trug zur mangelnden Flexibilität bei; erster Fünfjahresplan von 1928–1932.

Kombinat: Zusammenschluss von Betrieben zur gegenseitigen Produktionsergänzung, entweder an einem Ort oder aber auch über große räumliche Distanzen.

TPK: Territoriale Produktionskomplexe, deutlich diversifizierter als die Kombinate lösten sie diese als räumliches Prinzip der industriellen Erschließung ab; sie umfassten neben der Wirtschaftsstruktur auch eine komplexe Infrastruktur.

Kollektivierung: so nennt man die Umsetzung eines wesentlichen Ziels der sozialistischen Agrarwirtschaft, nämlich die Vergesellschaftung der landwirtschaftlichen Produktionsmittel; d.h.: beginnend mit der zwangsweisen Enteignung der bisherigen Privatbauern wird zuerst die landwirtschaftliche Nutzfläche in Staatseigentum überführt, danach auch die übrigen Produktionsmittel, wie z. B. landwirtschaftliche Geräte – Besitzer der Produktionsmittel ist also am Ende das „Kollektiv".

Kolchosen: große Produktionsgenossenschaften, die mit eigenen Produktionsmitteln (Geräte, Gebäude, Vieh) den staatseigenen Boden bearbeiteten; noch 1985 wurden von ihnen rund die Hälfte der sowjetischen Getreideproduktion und ca. zwei Drittel der Baumwollerzeugung geleistet.

Sowchosen: großflächige Staatsgüter, die mit ihrer kompletten Kollektivierung am ehesten der kommunistisch-ideologischen Vorgabe entsprachen; sie verdrängten die Kolchosen; ihre Struktur entsprach im Wesentlichen der von Industriebetrieben, womit eine Hinwendung zur agrarindustriellen Produktion erfolgte, ähnlich wie in den USA; so fand z. B. in der Viehzucht eine Konzentration auf Betriebe mit mehreren Zehntausend Tieren statt, die in feedlots gehalten wurden.

Die Entwicklung Russlands begann 1462 mit der Konstitution des Großfürstentums Moskau; bis 1914, also kurz vor Ende des Zarenreiches, war die politische Konsolidierung Russlands weitgehend abgeschlossen – das Land erstreckte sich bis zum Pazifik. Räumliche Veränderungen gab es noch nach dem Ersten Weltkrieg sowie am Ende des Zweiten, wo z. B. auch die Annexion der Baltischen Länder erfolgte. Die siedlungsmäßige und wirtschaftliche Erschließung, vor allem Mittel- und Ostsibiriens, setzte allerdings erst nach 1870 mit dem Bau der **Transsibirischen Eisenbahn** ein, die bis heute die wichtigste Verkehrs- und Transportader des Raums östlich des Ural geblieben ist.

Nach dem Entstehen der Sowjetunion zwischen 1917 und 1922 erfolgte, der kommunistischen Staatsideologie folgend, die Umstrukturierung der Wirtschaft. Im Agrarsektor bedeutete dies die **Kollektivierung** der Wirtschaft gegen den Widerstand der bisherigen Landbesitzer; in der Industrie wurden der Wiederaufbau der kriegszerstörten Industrien und die zügige Erschließung der sibirischen Ressourcen als vordringlichste Ziele ausgegeben. Das wichtigste Instrument für die industriewirtschaftlichen Zielsetzungen wurden dabei die **Kombinate**. 1928 wurde die Bildung des **UKK**, des Ural-Kusnezker-Kombinats, beschlossen. Es verfolgte mehrere Teilziele: Zum einen führte es zur rohstoffmäßigen Ergänzung und Verflechtung der Steinkohlen- und Eisenerzvorkommen; die Erzvorkommen des Südurals konnten mit der Kohle aus Karaganda und dem Kusbass verarbeitet werden. Gleichzeitig entstand in diesen beiden Regionen durch den Antransport von Uralerzen ebenfalls eine Eisen schaffende Industrie. So ergaben sich zweitens – ergänzt durch die bald folgende Erschließung eigener Eisenerze – zwei neue, eigenständige „Hüttenbasen". Diese dienten drittens als Ausgangspunkt für die weitere Erschließung Sibiriens.

Die Zeit nach dem Zweiten Weltkrieg brachte dann im Sekundären Sektor erhebliche Veränderungen: Im europäischen Teil verfolgte man als primäres Ziel den Aufbau einer Leichtindustrie, der chemischen Industrie sowie des Fahrzeug- und Maschinenbaus – also von rohstoffunabhängigen Industrien. Das zweite Ziel dagegen blieb unverändert: die Erschließung der sibirischen Ressourcen. Das maßgebliche räumliche Grundprinzip hierfür wurden die **Territorialen Produktionskomplexe** (TPK). Im Gegensatz zu den Kombinaten erfassten sie die gesamte Struktur eines wirtschaftlichen Schwerpunktraums: Ressourcenförderung, Verarbeitung der Ressourcen zu Halbfertig- bzw. Fertigprodukten, Erschließung einer hierfür notwendigen Energiebasis (z. B. Wasserkraft), Aufbau von Siedlungen, Errichtung einer Verkehrs- sowie Ver- und Entsorgungsinfrastruktur. Modellbeispiel für die TPK wurde der von Bratsk/Ust-Ilimsk; schwerpunktmäßig eingesetzt werden sollte dieses Prinzip entlang der Eisenbahnlinie der **Baikal-Amur-Magistrale** zur Erschließung des besonders bodenschatzreichen sibirischen Ostens. Schon in den 1980er-Jahren geriet die hier verfolgte Wirtschaftspolitik allerdings ins Straucheln. Man erkannte die Überdimensioniertheit des BAM-Projekts und seine Unfinanzierbarkeit. Da dies zeitgleich mit dem Beginn der Ära von Michael Gorbatschow geschah, in der erstmals die politischen und wirtschaftlichen Strukturen hinterfragt wurden, erfolgte die Einstellung dieses Projekts. Lediglich im mittleren Streckenabschnitt der fertig gestellten BAM, bei Nerjungri, hat sich auf der Basis der TPK-Idee ein Wirtschaftsraum entwickelt.

M 2 Der TPK Bratsk/Ust-Ilimsk

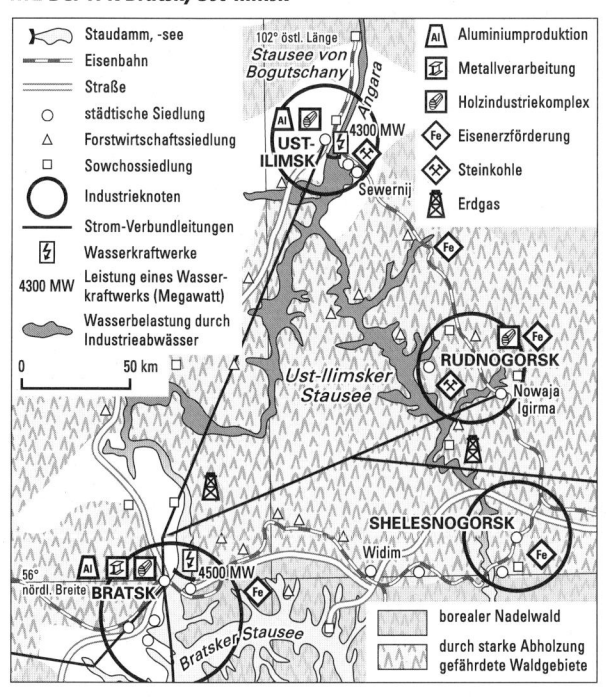

In der Landwirtschaft erfolgte nach der Kollektivierung der gezielte Umbau der Produktionsstrukturen: Dem zwangsweisen Zusammenschluss von Privatbauern zu **Kolchosen**, bei denen die Genossenschaft jedoch noch als Eigner von Gebäuden, Geräten und eventuellem Vieh auftrat, folgte verstärkt ab den 1950er-Jahren die bewusste staatliche Förderung der **Sowchosen**. Als komplett verstaatlichte Betriebe entsprachen sie in besonderer Weise dem kommunistischen Ideal. Die bei ihnen zu findende besondere Betriebsgröße, aber auch die Tatsache, dass es trotz aller Anstrengungen Jahrzehnte lang nicht gelang, von Agrarimporten unabhängig zu werden, führte schließlich dazu, dass man nach westlichem Vorbild zur Industrialisierung der Landwirtschaft überging. Es entstanden seit 1982 die so genannten **Agrarindustriellen Komplexe** (AIK) mit einer hohen vertikalen und horizontalen Verflechtung. Die Kolchosen und Sowchosen wurden ergänzt durch Verarbeitungsbetriebe (beispielsweise von Fleisch oder Milch), durch landwirtschaftsorientierte Dienstleistungseinrichtungen und durch eine ihnen allen übergeordnete zentrale Verwaltung.

Die Frage, warum diese grundlegenden Sachverhalte aus sowjetischer Zeit überhaupt eine Rolle spielen, beantwortet sich dadurch, dass das System, das mit der Auflösung der Sowjetunion 1991 endete, ausgesprochen starre Strukturen hinterließ und so die **Transformation** nachhaltig erschwerte: Die Betriebe waren staatseigen, ihre Führung oblag oft genug nicht wirtschaftlich qualifizierten Managern, sondern Parteikadern; die Lenkung der gesamten Ökonomie ging von einer zentralen Behörde in Moskau aus; eigenständige Entscheidungen waren genauso unbekannt wie echte finanzielle Leistungsanreize; eine nennenswerte Konsumgüterindustrie zur Deckung der Bedürfnisse der Bevölkerung existierte nicht. Die Aufdeckung dieser und weiterer politischer Defizite seit dem Amtsantritt Gorbatschows 1985 kam für den Erhalt des Staates jedoch zu spät.

1.2.3 Zusammenbruch und Transformation – neue Kooperationen

Glasnost: Politik einer größeren Transparenz, besserer Information und öffentlicher Erörterung von Missständen.
Perestroika: Umbau und Umgestaltung von Staat und Gesellschaft; beides Begriffe aus der Zeit von Michael Gorbatschow.
Nachfolgestaaten: Sammelbegriff für die 15 Staaten, die auf dem Territorium der ehemaligen Sowjetunion entstanden sind.

Transformationsländer: Reformstaaten, alle ehemals kommunistischen Länder mit einer Umgestaltung hin zu demokratischen und marktwirtschaftlichen Strukturen.
Baltische Staaten: Sammelbegriff für die baltischen Republiken Estland, Lettland, Litauen.
Eurasische Wirtschaftsgemeinschaft: (Abk.: EwrAzEs) 2000 gegründet, hat einen Wirtschaftsraum ähnlich der EU zum Ziel.

Die Auflösung der Sowjetunion fand zwischen 1986 und 1991 statt. Auslösende Kraft war hierfür der 1985 zum Generalsekretär der KPdSU (Kommunistische Partei) gewählte Michael Gorbatschow, der eine Politik der politischen Transparenz und wirtschaftlichen und gesellschaftlichen Umgestaltung betrieb. Seine Verfassungsreform von 1990 kam jedoch bereits zu spät; Estland hatte schon als erste sowjetische Teilrepublik seine Unabhängigkeit erklärt, am 9. November 1989 erfolgte der Fall der Berliner Mauer und am 3. Oktober 1990 die deutsche Wiedervereinigung; damit hatte der so genannte Ostblock unter der hegemonialen Führung der Sowjetunion aufgehört zu existieren. Am 8. Dezember 1991 gründete man die **GUS** (Gemeinschaft unabhängiger Staaten) und am 21. Dezember löste man schließlich die Sowjetunion auf, wobei die restlichen Republiken (außer den Baltischen Staaten) der GUS beitraten.

Die wirtschaftlichen Anfänge für die GUS-Staaten und ihre **Transformation** waren ausgesprochen schwierig; wichtigste Ursachen hierfür waren:
- das Ende der zentralen Lenkung, ohne dass man bereits marktwirtschaftliche Instrumente besaß,
- der Investitionsrückgang aufgrund fehlenden Kapitals,
- die Öffnung der Märkte für Importwaren, die besser und gefragter waren als die einheimischen Produkte,
- die mangelnde Produktivität und Produktqualität und damit eine mangelnde Konkurrenzfähigkeit auf dem Weltmarkt,
- der Rückgang der Güternachfrage im Inland aufgrund der rapiden Verarmung größerer Bevölkerungsteile.

Zwar brachten die folgenden Jahre eine Konsolidierung der Verhältnisse, jedoch waren diese von Land zu Land sehr unterschiedlich. Während beispielsweise Russland starke wirtschaftliche Fortschritte zeigt und die Baltischen Staaten (als nicht GUS-Länder) sogar die Mitgliedschaft in der EU erlangten, hinken andere ehemalige Teilrepubliken, wie z. B. einige zentralasiatische Nachfolgestaaten, in der Entwicklung deutlich hinterher.

Insgesamt hat der lose Staatenbund der GUS, obwohl noch bestehend, für die Integration seiner Mitgliedstaaten nicht die erhoffte Wirkung gehabt. Um diesen Integrationsprozess wieder in Gang zu setzen, gründete man im Jahr 2000 die Eurasische Wirtschaftsgemeinschaft. Es soll ein Raum mit einem zollfreien Handel, mit marktwirtschaftlichen Spielregeln und mit geringer Bürokratie entstehen; am Ende hofft man auf eine wirtschaftliche Union ähnlich der EU. Ein Problem ist allerdings auch hier der unterschiedliche wirtschaftliche Entwicklungsstand der bisher (2007) sechs Mitgliedstaaten.

M 3 *Wirtschaftliche Eckdaten der sechs Mitgliedstaaten der Eurasischen Wirtschaftsgemeinschaft*

Land	Handelsbilanz (Mrd. US-$)	Arbeitslosigkeit (%)	BIP/Kopf (US-$)	Anteil der Wirtschaftssektoren (%) I	II	III
Kasachstan	+7,00	7,4	5 050	5,7	39,8	54,4
Kirgisistan	−0,99	18,0	546	33,0	20,1	46,9
Russland	+139,90	6,6	7 138	4,9	39,3	55,8
Tadschikistan	−0,32	12,0	346	23,0	28,0	49,0
Usbekistan	+1,30	23,0	496	27,6	29,4	34,0
Weißrussland	−0,72	o. A.	3 000	9,2	41,7	49,1

Spalte 1+3: Auswärtiges Amt: Länderinformationen, Jan. 2008. Daten von Weißrussland 2005
Spalte 2+4: CIA: World Factbook, Jan. 2008. Arbeitslosigkeit bei Usbekistan geschätzt; bei Weißrussland offiziell 1,8 % – jedoch unglaubwürdig

1.2.4 Agrarräume und ihr Wandel – Agrarprobleme

Importabhängigkeit: bezeichnet die Tatsache, dass die Sowjetunion, wie heute auch Russland, trotz weltbedeutender Agrarproduktion von Nahrungsmittelimporten abhängig ist.
Privatisierung: Rückführung von Staatseigentum in private Hände; hier des Bodens und der landwirtschaftlichen Produktionsmittel.
Produktivität: landwirtschaftliche Erzeugung, gemessen bzw. berechnet auf eine einzelne Einheit; z. B.: t Weizen/ha oder kg Milch/Kuh.
Subsistenzwirtschaft: landwirtschaftliche Produktion zum überwiegenden Eigenverbrauch.
Agrarindustrieller Komplex: Zusammenschluss von Landwirtschafts- und Industriebetrieben im Sinne einer vertikalen oder horizontalen Verflechtung; Agrarerzeugnisse werden vom gleichen Unternehmen industriell weiterverarbeitet und vermarktet.

Das sowjetische Erbe stellt bis heute für die Landwirtschaft Russlands eine erhebliche Belastung dar. Es war geprägt von drei Faktoren: Erstens von der Kollektivierung, zweitens von den mit ihr verbundenen starren Organisationsstrukturen (Kolchosen, Sowchosen, vgl. S. 6) und drittens von einer mangelnden Produktivität und von einer nicht hinreichenden Produktion, so dass man von Importen abhängig war. Diese **Importabhängigkeit** prägte vor allem die 1990er-Jahre, ist aber auch heute noch ein wichtiges Merkmal der russischen Landwirtschaft. Vor allem bei anspruchsvollen Produkten, die sich der Teil der Bevölkerung leisten kann, die vom wirtschaftlichen Wandel profitieren, sind die Importe seit 2000 konstant und stark gestiegen: bei Fleisch und Geflügel von 517 000 t bzw. 694 000 t auf jeweils weit über 1,3 Mio. t, bei Fisch von 328 000 auf 787.000 t. Bei anderen Produkten, wie beim Grundnahrungsmittel Brot (und Getreide) hat man dagegen die Importe durch eigene Produktionssteigerungen deutlich reduzieren können. Hier, beim Getreide, trat man 2007 sogar erstmals als Exporteur auf.

Neben der Abhängigkeit von Nahrungsmitteleinfuhren gibt es weitere aktuelle Probleme in der russischen Landwirtschaft:

Man leidet unter einer immer noch vergleichsweise **geringen Produktivität**. Das ist nicht zuletzt auf den noch zu geringen Mechanisierungsgrad zurückzuführen; vielen Farmern fehlt für solche Investitionen das Kapital. Die Privatisierung der Landwirtschaft hat zum einen dazu geführt, dass aus den Kolchosen oder Sowchosen Großbetriebe hervorgegangen sind. Sie sind z. T. als private Produktionsgenossenschaften organisiert, z. T. auch als Aktiengesellschaften. Während diese landwirtschaftlichen Großunternehmen meist eine positive Entwicklung durchlaufen (bei knapp 2 % Anteil an der LNF erwirtschaften sie rund ein Drittel aller Agrarerlöse), verarmen große Teile der übrigen ländlichen Bevölkerung. Sie betreiben teilweise nur noch Subsistenzwirtschaft und gehören mit ihrem geringen bis fehlenden Einkommen zu den Verlierern der Transformation des ländlichen Raums. Ein drittes Problem ist die immer noch zu **geringe Produktion von hochwertigen Agrarprodukten**; vor allem die Versorgung mit Fleisch liegt – bei auch quantitativ steigenden Ansprüchen der Bevölkerung – im Argen. Gemessen an den Jahren 1970–75 erreichte man 2004 bei Schlachtvieh und bei Milch nur rund 70 % des damaligen Produktionsumfangs.

M 4 Russische Nahrungsmittelimporte 2000–2006 (ausgewählte Produkte)

	2000	2002	2004	2006
Fleisch (frisch und gefroren, ohne Geflügel)	517,0	1153,0	1031,0	1340,0
Geflügel (frisch und gefroren)	694,0	1383,0	1084,0	1329,0
Fisch (frisch und gefroren)	328,0	464,0	682,0	787,0
Milch und Sahne	76,6	59,2	127,0	146,0
Butter und Milchfette	70,8	140,0	148,0	133,0
Brot und Getreide	4677,0	1359,0	2898,0	1449,0

Angaben der staatlichen russischen Statistikbehörde Roskomstat, 2006. www.gsk.ru

Aus den Problemen hat man 2005 im „nationalen Programm zur Entwicklung der Landwirtschaft" Konsequenzen gezogen. Im Mittelpunkt steht die Förderung der Tierwirtschaft; neue Firmen in diesem Bereich sollen gegründet werden. Mit 30 Mio. Euro/a soll die Mechanisierung vorangetrieben werden, und es soll ein Kreditwesen speziell für den ländlichen Raum entstehen.

1.2.5 Industrie und Handel

Wertschöpfung: Gesamterlöse (-umsätze) einer Branche oder eines Wirtschaftssektors.
Diversifizierung: Ausweitung und Differenzierung der Produktions- und Exportstruktur, um die Abhängigkeit von einem Produkt oder nur einigen wenigen Produkten zu verringern.
Ausländische Direktinvestitionen: ADI, ausländische Geld- oder Sachanlagen in einer Branche, einer Region oder auch in einem ganzen Land.
Regionale Disparitäten: Unterschiede in der wirtschaftlichen und infrastrukturellen Entwicklung einzelner Teilräume eines Landes.
Monostruktur: einseitige Ausrichtung in der Produktion oder auch im Export auf ein Produkt oder sehr wenige Güter.
Konsumgüterindustrie: umfasst die Branchen, die Waren für den Verbrauch von Privatkunden (Konsumenten) herstellen.
Revitalisierung: wirtschaftliche Wiederbelebung von Räumen, die sich in einer strukturellen Krise befinden; solche Regionen sind z. B.:
Altindustrielle Räume: sind Räume, deren industrielle Entwicklung früh begonnen hat und die meist auf der Montanindustrie (Bergbau, Eisen schaffende Industrie) basieren.
Grundstoffindustrie: umfasst die Branchen, die die Grundstoffe für weiterverarbeitende Industrien liefern.
Global Player: Unternehmen, die am „weltweiten Spiel" teilhaben, indem sie an verschiedenen Standorten in der Welt entwickeln, produzieren und vermarkten.
Oligarchen: Ausdruck für die russischen Wirtschaftsführer und Milliardäre, die die großen Unternehmen beherrschen und dadurch oft auch erheblichen politischen Einfluss haben.
Konversion: Umwandlung von ehemaligen Rüstungsbetrieben in zivile Unternehmen.
Schattenwirtschaft: Synonym für den Informellen Sektor, in dem am staatlichen Fiskus vorbei gewirtschaftet wird; in Russland z. T. mit mafiosen Strukturen.
Joint Ventures: Unternehmen, die von (meist) zwei Partnern gemeinsam betrieben werden; oft stellt eine westliche Firma Kapital und Know-how, eine östliche z. B. preiswerte Infrastruktur und Arbeitskräfte.

Obwohl der Dienstleistungssektor sowohl bei den Beschäftigten als auch bei den Wirtschaftsanteilen am BIP mit jeweils über 60 % den Sekundären Sektor deutlich hinter sich lässt, ist es doch die Industrie, die die Erfolge der Transformation ermöglicht hat. Dabei begann die erste Dekade nach dem Ende der Sowjetunion schwierig. Die alten Strukturen (s. S. 6/7) erwiesen sich ebenso als Hemmnis wie das Auseinanderbrechen eines geschlossenen, vom Weltmarkt weitgehend abgekoppelten Wirtschaftsraums in 15 Nachfolgestaaten, die sich durch ihre Neuausrichtung nun der weltweiten Konkurrenz stellen mussten – obwohl es ihnen an marktwirtschaftlichen Strukturen, Modernität der erzeugten Güter bzw. ihrer Produktion und an Produktivität mangelte. Als 1998 eine Währungskrise („Rubelkrise") hinzukam, schien die Entwicklung Russlands in Gefahr. Doch ab dem Jahr 2000 ergaben sich deutlich andere Tendenzen: Das jährliche **Wachstum des BIP** liegt seitdem um die 5 %, der Außenhandel ist stark gestiegen mit einer permanent hohen positiven **Außenhandelsbilanz** und die ausländischen Direktinvestitionen in Russland steigen ebenso wie die Russlands im Ausland. Allerdings spiegeln auch gerade die Investitionen die im Land herrschenden regionalen Disparitäten wider; bevorzugte Investitionsziele sind verschiedene Teilräume des europäischen Russlands (vor allem natürlich die Metropolen), aber auch die bereits entwickelten Regionen West- und Südsibiriens, wobei hier allerdings die Anlagerisiken wachsen.

Eine besondere Stellung im Rahmen der wirtschaftlichen Erfolge nimmt der **Energiesektor** ein. Obwohl in den letzten Jahren eine sichtbare **Diversifizierung** der Industrie eingesetzt hat – d. h. dass sich die Branchenvielfalt erhöht hat und nun auch solche der Investitionsgüter- und der Konsumgüterindustrie an Bedeutung gewinnen – sind es doch vor allem die Erdöl- und Erdgasförderung sowie deren Export, die den Außenhandel dominieren und die Devisen für den Abbau der Auslandsschulden und für Investitionen ins Land bringen. Die fünf größten Konzerne Russlands kommen dementsprechend alle aus dem Energiesektor (Brennstoffindustrie oder Energieerzeugung). Hierin liegen allerdings zwei Gefahren:

1. Da es sich um Schlüsselindustrien handelt, hat der Staat ein Interesse, Einfluss auszuüben. Hinzu kommen starke persönliche Beziehungen zwischen den Entscheidungsträgern in Politik und Wirtschaft. Obwohl man zu Sowjetzeiten keine guten Erfahrungen mit der Einflussnahme des Staates auf die Wirtschaft gemacht hat, gibt es wieder solche Tendenzen.

2. Die einseitige Abhängigkeit von zwei Rohstoffen stellt so lange kein Problem dar, wie diese äußerst stark nachgefragt sind und extrem hohe Weltmarktpreise erzielen, wie dies z. Zt. der Fall ist. Dazu hat man mit Deutschland einen zahlungskräftigen Hauptabnehmer. Jede Monostruktur birgt aber das Risiko, dass bei schlechten Geschäften der Produktausgleich fehlt.

Von der wirtschaftlichen Erholung seit der Jahrtausendwende profitieren allerdings nicht nur die Metropolen und die Regionen mit Erdgas- und/oder Erdölförderung, sondern auch **altindustrielle Räume wie das Kusnezker Becken**. Die Verteuerung von Öl und Gas kam hier dem Steinkohlenbergbau zugute, die weltweit stark gestiegene Nachfrage nach Stahl (China, Indien) dem zweiten klassischen Standbein des Raums, der Eisen und Stahl erzeugenden Industrie. So sind hier Global Player im Stahlbereich entstanden, deren Umsätze zwar noch nicht mit denen der Weltmarktführer mithalten können, deren Produktion durch Zukäufe in Europa, den USA und Asien allerdings schon globale Dimensionen hat.

M 6 Die wichtigsten Industrieräume im heutigen Russland

Moskau, St. Petersburg	Metallind., Maschinen- und Fahrzeugbau, Elektrotechnik
Nischni Nowgorod	Maschinenbau
Samara	Metallind., Maschinen- und Fahrzeugbau, Erdölind., Chemische Ind.
Ufa, Magnitogorsk, Tscheljabinsk	Erdölförderung, Erdölind., Chemische Ind., Bergbau (Eisenerz, Stahlveredler, Leicht- und Buntmetalle), Eisen- und Stahlerzeugung, Maschinenbau
Surgut	Erdöl- und Erdgasförderung
Norilsk	Erdöl- und Erdgasförderung, Bergbau (Eisenerz, Bunt- und Edelmetalle), Buntmetallverhüttung
Nowokusnezk, Krasnojarsk	Bergbau (Steinkohle, Braunkohle, Eisenerz, Buntmetalle), Eisen- und Stahlerzeugung, Buntmetallverhüttung, Maschinenbau, Chemische Ind.
Mirny	Edelsteine
Komsomolsk	Eisen- und Stahlerzeugung, Metallverarbeitung, Maschinenbau

Nach Entwicklung des Außenhandels: bfai 2006

Einen wirtschaftlichen Sonderfall stellt der **Militärisch-industrielle Komplex** (MIK) dar. Z. T. befinden sich dessen Unternehmen in der Konversion (s. S. 9) zur zivilen Produktion, z. T. erfährt er aber auch eine Renaissance; 2007 meldete Russland einen neuen Rekord bei den weltweiten Rüstungsexporten.

Trotz der industriellen Erfolge darf man den **Tertiären Sektor** nicht ganz außer Acht lassen, da er, wie gesagt, hinsichtlich BIP und Beschäftigung mittlerweile das wirtschaftliche Rückgrat bildet. Allerdings schätzt man den Anteil der **Schattenwirtschaft** an beiden Bereichen als hoch ein (zwischen 30–40 %). Dennoch wächst durch den zunehmenden Wohlstand größerer Bevölkerungsschichten und deren steigende Nachfrage nach Dienstleistungen auch der offizielle Teil; so sind die Verkaufsflächen des modernen großflächigen Einzelhandels alleine in Moskau zwischen 1996 und 2002 von ca. 15.000 m² auf rund 650.000 m² gestiegen. Hierbei spielen auch ausländische Unternehmen (wie z. B. Metro oder Ikea) eine große Rolle, sowohl durch Direktinvestitionen als auch in Joint Ventures mit russischen Firmen.

M 5 Der Anteil der Wirtschaftssektoren am russischen BIP 1991 und 2006

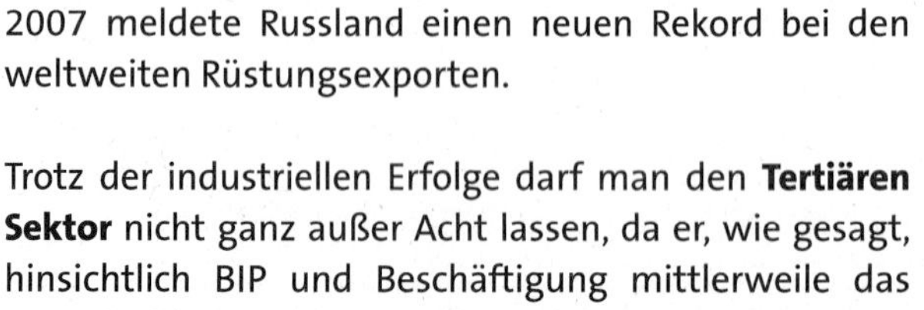

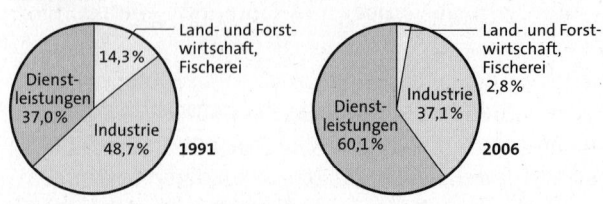

1991: Land- und Forstwirtschaft, Fischerei 14,3 %; Dienstleistungen 37,0 %; Industrie 48,7 %

2006: Land- und Forstwirtschaft, Fischerei 2,8 %; Dienstleistungen 60,1 %; Industrie 37,1 %

Nach Entwicklung des Außenhandels: bfai 2006

1.2.6 Neuorientierung im städtischen Raum

sozialistische Stadt: der Begriff bezeichnet den Stadttypus, der vor allem in den 1950er- bis 1970er-Jahren auf der Grundlage ideologischer Vorstellungen entstand.
postsowjetische Stadt: bezeichnet die Städte mit ihren notwendigen gravierenden Veränderungen nach 1991; wesentliches Merkmal ist eine starke Verwestlichung.
Suburbanisierung: Stadtrandwanderung der Wohnbevölkerung, in jüngerer Zeit aber vor allem auch des Tertiären Sektors; durch Letzteres entstehen neue Dienstleistungsstandorte außerhalb der Innenstädte, meist an der Peripherie, wo große Frei- und Reserveflächen zu günstigeren Preisen vorhanden sind.
Segregation: Prozess der räumlichen Trennung und Abgrenzung unterschiedlicher sozialer Gruppen, Ethnien, Religionsgemeinschaften etc.
Gated Community: geschlossenes Viertel des gehobenen Lebensstils, das sozialräumlich deutlich von anderen Stadtgebieten abgegrenzt ist; der Zugang ist in der Regel nur für die Bewohner möglich, z. B. mit elektronischer Chipkarte.
Moskva-City: größtes neues Dienstleistungszentrum an der Moskauer Peripherie, mit typischer Wolkenkratzerbebauung.
Multifunktionalität: statt eines einseitigen ein vielseitiges Dienstleistungsangebot; z. B. Gastronomie, Büros, Wohnungen, Einzelhandel in einem Komplex.
Global City: Weltstadt (Metropole) mit besonders starker Integration in die Weltwirtschaft; hohe Einwohnerzahl, internationales Finanzzentrum, Standort von Sitzen von Global Players, Knotenpunkt internationaler Transportnetze; Moskau befindet sich auf dem Weg zur Global City.

Der Begriff der Transformation ist kein rein wirtschaftlicher oder politischer Terminus; das, was man unter ihm zusammenfasst, betrifft in gleichem Maße auch die russischen Städte – und damit gleichzeitig auch die russische Gesellschaft. In beiden Bereichen ist eine starke **Verwestlichung** zu verzeichnen.

Die so genannte **sozialistische Stadt** war davon geprägt, dass sie eine Umsetzung kommunistischer Ideen darstellen sollte; ihre Merkmale waren daher: eine Hauptmagistrale für Aufmärsche; Großbauten wie ein Kulturpalast, die Parteizentrale oder hochgeschossige Büro- und Hotelbauten; repräsentative Fassaden; starke Wohnfunktion auch in der Innenstadt mit entsprechenden Infrastruktureinrichtungen (Kindergärten, Schulen etc.) bei gleichzeitiger Vernachlässigung kunden- und konsumorientierter Einrichtungen. Entsprechend diesen Merkmalen war der Wandel nach 1991 hin zur **postsowjetischen Stadt** gravierend: Die Innenstädte entwickelten sich vor allem in den Metropolen zu Citys; neue Dienstleistungszentren entstanden sowohl im innerstädtischen als auch im suburbanen Raum; neue Wohnformen für einkommensstärkere Schichten entstanden und mit ihnen neue Wohnviertel, bis hin zu **Gated Communities**; historische Bausubstanz wurde saniert.

Besonders auffällig war die bis heute andauernde Umgestaltung der zentralen Straßen zu modernen Geschäftsstraßen. Da der Einzelhandel in der sozialistischen Stadt unterrepräsentiert war und selbst in der Innenstadt von Gütern des täglichen Bedarfs bestimmt wurde, war hier die Transformation in ihren Ergebnissen besonders auffällig. Straßen wie die Twerskaja uliza in Moskau sind heute Geschäftsstraßen westlichen Zuschnitts mit einem vielfältigen Warenangebot des periodischen und episodischen Bedarfs sowie mit weiteren Funktionen, z. B. in den Bereichen Gastronomie und Kultur.

Im Fokus der städtischen Transformation stand und steht auch heute noch die russische Hauptstadt Moskau. Sie wird von der politischen Führung konsequent umgebaut mit dem Ziel, sie zur ersten **Global City** der Russischen Föderation zu machen. Das „Leuchtturmprojekt" hierfür ist die Moskva-City, die bis zum Jahr 2015 fertig gestellt sein wird. An Moskaus namensgebendem Fluss entsteht ein Ensemble von 15 Wolkenkratzern – dem unverzichtbaren physiognomischen Merkmal jeder Global City – mit ca. 2,5 Mio. m² Fläche, die multifunktional für Geschäfte, Büros, Hotels und Gastronomie sowie Wellness- und Freizeiteinrichtungen genutzt wird, unter anderem im seit 2007 höchsten Wolkenkratzer Europas. Verschiedene Global Player aus den USA werden hier Niederlassungen einrichten, womit ein weiteres Charakteristikum einer Global City erfüllt wird.

Moskau hat sich zur Boomtown entwickelt, und kritische Stimmen, dass z. B. solche Projekte nicht ins Bild russischer Städte passen, haben keinen Platz. Hierzu gehört auch, dass man eine fortschreitende **soziale Segregation** in Kauf nimmt: Den Gewinnern der Transformation, die die Angebote in den Geschäftsstraßen und Malls nutzen können und an deren Spitze sich eine wachsende Zahl von Millionären und Milliardären (die so genannten „Neuen Russen") befindet, stehen die Verlierer gegenüber. Es sind vor allem die zahlreichen Geringverdiener, die Rentner und Arbeitslosen. Sie leben überwiegend in den randstädtischen Plattensiedlungen und bestreiten ihren Lebensunterhalt häufig mit Tätigkeiten im **Informellen Sektor**. Hierzu gehören beispielsweise der Straßenverkauf oder der Kioskhandel, also der Verkauf von Waren in den, in aller Regel ohne Baugenehmigung errichteten Kiosken, die in den Vorstädten zum alltäglichen Bild gehören und mittlerweile oft von der Verwaltung legalisiert worden sind.

1.3 Volksrepublik China – Weltmacht des 21. Jahrhunderts?

1.3.1 Chinas Naturraum zwischen Gunst und Ungunst

Löss: ein vom Wind während der Kaltzeiten (Eiszeiten) herantransportiertes Lockersediment; auf ihm bilden sich aufgrund seiner komplexen Kapillarstruktur fruchtbare Böden.
arid: trocken; der Niederschlag ist geringer als die potenzielle Verdunstung.
humid: feucht; der Niederschlag ist höher als die potenzielle Verdunstung.
agronomische Trockengrenze: Grenze des aufgrund ausreichender Niederschläge möglichen Ackerbaus.
Monsun: Windsystem in Asien; im Winter trockener Wind aus Zentralasien kommend, im Sommer feuchter Wind vom Chinesischen Meer bzw. Pazifik her wehend.
Erosion: Bodenabtragung; in China ist vor allem das Lössbergland von Erosion durch Wasser (Niederschläge, Flüsse) betroffen.
Hochwasserschutz: vor allem an den großen Strömen Jangtsekiang und Hwangho notwendiges Bündel von Maßnahmen, wie z.B. Eindeichung der Flüsse oder Anlage von Staudämmen und Rückhaltebecken, um Überschwemmungskatastrophen zu verhindern.

Der für China immer noch sehr bedeutsamen Landwirtschaft (45 % aller Beschäftigten, 2005) wird durch die natürlichen Gegebenheiten relativ enge Grenzen gesetzt. Das liegt zum einen an der Höhenlage und dem Relief, zum zweiten an der Verfügbarkeit von Wasser und drittens schließlich an den Böden.

Höhenlage und Relief: Ein Drittel Chinas wird durch steile Hochgebirge eingenommen, ein weiteres Viertel von vegetationsarmen Hochplateaus. Diese fast 60 % Landesfläche ist im Wesentlichen (bis auf extensive Viehzucht) nicht agrarisch nutzbar. Aber auch das eigentlich fruchtbare Lössbergland ist geprägt von tiefen Erosionsrinnen und steilen Hängen.

Klima: Im Westteil Chinas fallen weniger als 500 mm Jahresniederschlag bei z.T. hohen Sommertemperaturen; es handelt sich um einen ariden Raum, in dem Ackerbau nur in den Oasen oder Flusstälern betrieben werden kann. In den Steppen ist eine extensive Weidewirtschaft möglich. Zum Osten und Südosten hin werden die klimatischen Bedingungen dann deutlich besser. Die Temperaturen und Niederschläge (Sommermonsun) nehmen zu; in diesem humiden Drittel des Landes ist intensiver Ackerbau möglich. Allerdings muss man hier die Hochwassergefährdung durch den Jangtsekiang und den Hwangho als einschränkendes Risikomerkmal nennen. Eine klimatische Beschränkung tritt nach Norden hin durch die Temperaturabnahme auf, die die Vegetationsperiode (vgl. S. 4) begrenzt.

Böden: Die Steppen- und Halbwüstenböden lassen, in Kombination mit den klimatischen Verhältnissen, nur eine extensive Weidewirtschaft zu. Noch größer wird die Einschränkung durch die Bodengegebenheiten in den Vollwüsten sowie in den steinigen Hochgebirgsregionen und Hochplateaus. Die fruchtbarsten Böden finden sich im östlichen Lössbergland. Die hier bis zu 300 m dick aufliegenden Lössschichten sind nährstoffreich und besitzen aufgrund ihrer lockeren, porösen Struktur eine hohe Wasserspeicherfähigkeit. Gerade wegen dieser Lockerheit sind die Böden aber auch sehr erosionsanfällig. Um der Bodenabtragung und Zerklüftung zu begegnen, ist deshalb meist ein aufwendiger Terrassenfeldbau notwendig. Zu bedenken ist darüber hinaus, dass das Lössbergland nicht, wie der Name vermuten ließe, eine zusammenhängende Landschaft bildet, sondern es handelt sich um inselhafte Vorkommen dieses fruchtbaren Bodens.

Die Kernräume der chinesischen Landwirtschaft sind deshalb die Schwemmlandflächen im Osten in Küstennähe. Hier haben die großen Flüsse fruchtbaren Boden angeschwemmt, der intensiv agrarisch genutzt wird. Die Intensität nimmt zum Südosten hin noch zu, da hier zu den ertragreichen Böden noch eine besondere Klimagunst kommt (s.o.): Die hohen Niederschläge des Sommermonsuns und die hohen Temperaturen dieses subtropischen Raums lassen eine ganzjährige Anbauzeit entstehen mit der Möglichkeit mehrerer Ernten.

M 7 Klimadiagramme als Ausdruck der besonderen klimatischen Vielfalt Chinas

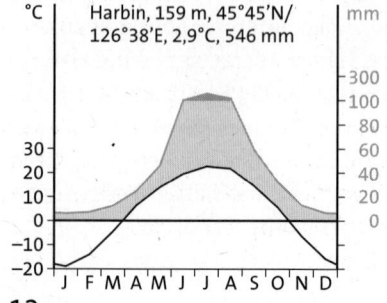

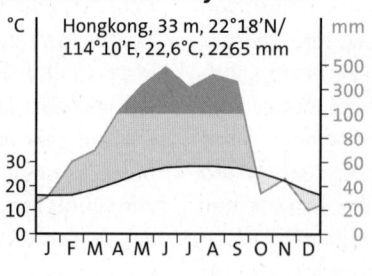

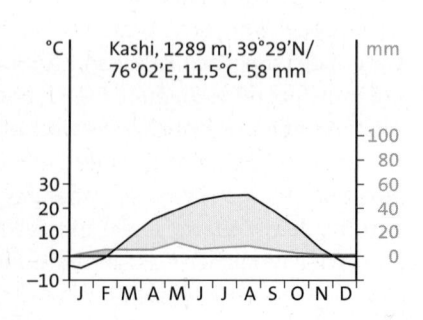

Harbin, 159 m, 45°45'N/126°38'E, 2,9°C, 546 mm

Hongkong, 33 m, 22°18'N/114°10'E, 22,6°C, 2265 mm

Kashi, 1289 m, 39°29'N/76°02'E, 11,5°C, 58 mm

1.3.2 Bevölkerungsentwicklung in China

Demographie: der Begriff umfasst alle Prozesse, die mit Bevölkerung zu tun haben: Bevölkerungswachstum, Altersstruktur einer Bevölkerung, Bevölkerungsverteilung, Wanderungsbewegungen.
Bevölkerungsexplosion: besonders starkes Bevölkerungswachstum, das die betroffenen Staaten vor nahezu unlösbare Probleme stellt.
Ein-Kind-Programm: Einführung der staatlich vorgeschriebenen Begrenzung der Kinderzahl eines Ehepaares auf ein Kind, um die Bevölkerungsexplosion zu stoppen; Start 1979.
Fertilität: Fruchtbarkeitsrate, Geburten je Frau.
Migration: Bevölkerungsbewegungen, also jede Form von Wanderungsvorgängen der Bevölkerung.
Hokou-System: ein System der Wohnsitzkontrolle, das eine Migration unmöglich machte, da man ein Leben lang am registrierten Haushaltssitz bleiben musste; Anfang des 21. Jahrhunderts abgeschafft.
Wanderarbeiter: ca. 150 Mio. Chinesen; meist ehemalige Bauern, die als Tagelöhner in den Städten arbeiten; in aller Regel unregistriert und damit außerhalb jeder sozialen Ordnung stehend.
Altersstruktur: gibt Auskunft über den Anteil einzelner Altersstufen an der Gesamtbevölkerung; wird meist in 5-Jahres-Abständen nach Männern und Frauen getrennt dargestellt; die Darstellungsform ist die so genannte Alterspyramide.
Bevölkerungsverteilung: gibt das Muster an, wie sich die Bevölkerung eines Landes auf die Gesamtfläche verteilt; wird in Einwohner/km² gemessen – in China beziehen sich die Werte auf die einzelnen Provinzen.
Tragfähigkeit: umfasst die Zahl von Menschen, die von einem Raum auf agrarischer Grundlage auf Dauer unterhalten werden kann, ohne den Naturhaushalt nachteilig zu beeinflussen.
nachhaltige Ernährungssicherung: ist mit dem Begriff der Tragfähigkeit eng verknüpft; es sind alle Maßnahmen, die die Ernährung der Bevölkerung durch die Ressourcen des eigenen Raums sicherstellen, unter gleichzeitigem Schutz der Natur (Nachhaltigkeitsaspekt).

China war zu allen Zeiten das volkreichste Land der Erde; von daher haben demographische Fragen und Probleme die Entwicklung des Landes immer mitbestimmt, und mit heute ca. 1,3 Mrd. Einwohnern ist es an die Grenze dessen gestoßen, was der Raum verkraften kann. Auch heute ist China der bevölkerungsreichste Staat der Welt, wird allerdings in wenigen Jahren von Indien eingeholt werden.
Drei Problembereiche stehen bei der Betrachtung der Bevölkerung im Mittelpunkt:

Das **Bevölkerungswachstum**: Als die heutige Volksrepublik China 1949 gegründet wurde, hatte sie ca. 580 Mio. Einwohner; ihre Bevölkerungszahl hat sich also bis 2006 verdoppelt. Mit dieser, vor allem von 1960 an stattfindenden Bevölkerungsexplosion entstanden schwer lösbare Aufgaben, wie z.B. die Versorgung mit Nahrungsmitteln oder das Schaffen von Wohnraum und Arbeitsplätzen. Dies führte zu repressiven Maßnahmen des Staates, um das Bevölkerungswachstum zu bremsen. 1979 proklamierte man die Ein-Kind-Ehe, für die man z.B. Gehaltsanreize oder Ausbildungsgarantien gab, die man aber auch mithilfe von Sanktionen durchzusetzen versuchte, wie Gehaltskürzungen, Streichung von Sozialleistungen und sogar Zwangsabtreibungen und -sterilisationen. Dass die Maßnahme der Ein-Kind-Politik zwar äußerst umstritten, aber zumindest demographisch erfolgreich war, erkennt man daran, dass China nach Schätzungen ohne diese Politik heute rund 330 Mio. Menschen mehr zählen würde. Die Auswirkungen der familienplanerischen Maßnahmen zeigen sich auch im Altersaufbau der chinesischen Bevölkerung (nach der letzten Volkszählung 2000), in dem die Gruppe der 20–25-Jährigen am stärksten vertreten ist, während die darunter liegenden Jahrgänge durch die staatlichen Eingriffe geringere Prozentanteile aufweisen.

M 8 Alterspyramide von China (2000)

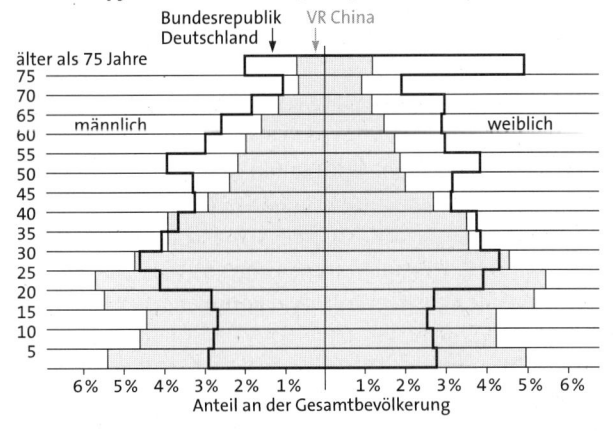

Die **Migration**: Zu den heutigen zentralen demographischen Problemen zählen vor allem die Bevölkerungsbewegungen. Sie werden von zwei Entwicklungen gekennzeichnet: Zum ersten ist dies die Land-Stadt-Wanderung; lebten 1953 noch 87% aller Chinesen auf dem Land, so waren es 2006 61%. Trotz der noch immer ländlichen Prägung des Landes leben also rund 500 Mio. Menschen in Städten. Zum zweiten ist dies die Küstenwanderung: Es gibt eine einzige Migrationsrichtung im Land, nämlich die in die Küstenregionen des Ostens und Südostens. Die Küstenstädte vor allem profitieren zahlenmäßig vom Strom der Zuwanderer; sie leiden allerdings gleichzeitig unter ihm, da er immer schwerer beherrschbar wird. Große Teile der Zuzüge sind mittlerweile illegal, Slums entstehen (in China als „Migrationsstädte" bezeichnet) und viele Zuwanderer finden nur im Informellen Sektor oder als Tagelöhner Arbeit. Die Regierung versucht, z. B. durch die Anwendung des Hokou-Systems (vgl. S. 13) oder durch die Umsiedlung städtischer Bevölkerung in ländliche Regionen, diese Tendenzen zu bremsen, jedoch mit geringem Erfolg.

Die **Tragfähigkeit**: Lange Zeit kam es in China immer wieder zu Hungersnöten, eine Situation, die trotz der hohen Bevölkerungszahl der Vergangenheit angehört. Obwohl der ländliche Raum unter der Abwanderung junger Menschen leidet, haben die Agrarreformen seit 1978 zu einer Verbesserung der Ernährungssituation geführt. Dies betrifft sowohl die Grundnahrungsmittel Weizen und Reis als auch die an Bedeutung gewinnenden tierischen Produkte. Eine Gefahr für die sichere Versorgung der Menschen geht allerdings noch von der Bodenerosion, von Überschwemmungen oder auch von katastrophalen Dürren aus sowie von der Überbeanspruchung der Böden und der Wasserverschmutzung.

1.3.3 Chinas eigener Weg in der Landwirtschaft

Monokulturen: großflächiger Anbau einer Ackerfrucht.
Diversifizierung: Hinwendung zu einer Produktvielfalt; der Begriff wird sowohl in der Landwirtschaft als auch in der Industrie verwendet.
Bodenreform: Enteignung der Großgrundbesitzer und Verteilung des Landes an ehemalige Pächter und Lohnarbeiter.
Volkskommunen: landwirtschaftliche Produktionsgenossenschaft nach russischem Vorbild, allerdings auch mit administrativen und politischen Funktionen im ländlichen Raum.
Zweite Revolution: seit 1978 das Zurückschrauben des staatlichen Einflusses auf die Landwirtschaft mit größerer Selbstorganisation vor Ort und Schaffung freierer Märkte.

Vertragsgebundenes Verantwortlichkeitssystem: nach der Abschaffung aller Kommunen 1984 ein System, in dem eine Familie Land pachtet und bewirtschaftet und dem Staat als Gegenleistung einen Teil des Ertrags zu Festpreisen verkauft.
Intensivierung: z. B. Mechanisierung, verstärkter Düngemitteleinsatz, Ausdehnung des Bewässerungsfeldbaus – Ziel ist eine Steigerung der Produktivität und der Produktion.
Desertifikation: Ausbreitung der Wüsten in bis dahin vom Menschen genutztes Land; entsteht durch die Übernutzung der Ökosysteme.
Grüne Mauer: ausgedehnte Schutzwälder für Acker- und Weideflächen an den Wüstenrändern.
Rent-Seeking: Verlagerung von Produktionsmitteln in den privaten Sektor, da dort höhere Erträge erwirtschaftet werden können.

Man kann China in **Agrarzonen** gliedern. Symbolisch ordnet man ihnen Farben zu:

Weißes China: Es umfasst die Hochlandgebiete, also die Gebirge und Hochplateaus. Aufgrund der Höhenlage (niedrige Temperaturen), der geringen durchschnittlichen Niederschläge wegen der kontinentalen Lage, der Steilheit des Geländes und des Abtragungsschutts in den Hochebenen ist Ackerbau nur in den Tälern möglich. Da die natürliche Vegetation spärlich ist, dominiert die extensive Weidewirtschaft.
Braunes China: Aufgrund der extremen Kontinentalität und z. T. schwieriger orographischer Bedingungen ist in den Wüsten und Gebirgen fast keine landwirtschaftliche Nutzung möglich (Ausnahme: Oasen). Die ebenfalls zum Braunen China gehörenden Steppengebiete liegen jenseits der agrarischen Trockengrenze und erlauben deshalb nur Weidewirtschaft.
Grünes China: Im Südosten Chinas gibt es hohe Niederschläge mit über 1 000 mm/a sowie hohe monatliche Durchschnittstemperaturen von 20 °C und mehr während der Vegetationsperiode. Diese Bedingungen sind ideal für den Nassreisanbau, dessen Saatpflanzen dieser Agrarzone den Namen gegeben haben.

Gelbes China: Es handelt sich um die Weizenanbaugebiete im Nordosten Chinas. Während allerdings in deren südlichen Teilen, z. B. in der Großen Ebene, aufgrund der klimatischen Gegebenheiten Winterweizen angebaut werden kann, ist bei zunehmender Kälte nach Norden hin (Mandschurei) nur noch Sommerweizen möglich.

Lange Zeit hatte China Probleme mit der Ernährungssicherung der Bevölkerung, was vor allem am planwirtschaftlich bedingten, starren und die Privatinitiative behindernden System der **Volkskommunen** lag. Ein grundsätzlicher Wandel setzte hier mit der **Reform der Landwirtschaft** 1978 ein. Man löste die Volkskommunen auf und führte die gesamte landwirtschaftliche Nutzfläche in Privathand über. Dazu erlaubte man jeder Familie die Pacht eines „mu" (666 m²); ein Teil der Erträge muss die Familie zu festgesetzten Preisen als Pachtzahlung an den Staat abgeben, den größeren Teil kann sie selbst vermarkten. Dieses System hat zwiespältige Folgen: Einerseits ist die Nahrungsmittelproduktion durch die privatwirtschaftliche Initiative gestiegen, und Hungersnöte gibt es in China schon seit fast 30 Jahren nicht mehr.

Andererseits gibt es immer wieder Engpässe, da z.B. Reis oder Weizen auf dem Weltmarkt zu höheren Preisen zu verkaufen sind als zu den staatlich garantierten im Land selbst, so dass Genossenschaften den Weg auf den Exportmarkt statt auf den chinesischen Markt suchen. Und: Trotz der Einführung moderner marktwirtschaftlicher Strukturen mit modernen Anforderungen, erscheint andererseits die chinesische Landwirtschaft altmodisch. Die Felder sind äußerst klein, und die einkommensschwache ländliche Bevölkerung leidet chronisch unter Kapitalarmut. Dadurch ist der Einsatz von teuren Maschinen und Düngemitteln schwer möglich. Der **geringe Mechanisierungsgrad** zeigt sich besonders am überproportionalen Einsatz von Menschen in der Landwirtschaft (Anteil an allen Beschäftigten: 45 %; z. Vgl.: Industrie 24 %, Dienstleistungen 31 %).

Trotz aller Erfolge stößt das Wachstum der Agrarwirtschaft an Grenzen. Diese sind einmal in der Naturlandschaft und ihrer ökologischen Belastbarkeit begründet (vgl. S. 12), zum anderen aber auch im Sozioökonomischen. Viele einkommensstärkere Chinesen der Küstenregionen wenden sich importierten Agrarerzeugnissen zu, wogegen die arme ländliche Bevölkerung in einem Land, das so stark von Disparitäten zwischen Küste und Binnenraum geprägt ist, den wirtschaftlichen und finanziellen Anschluss verliert. Daher hat man staatlicherseits zur Jahrtausendwende **fünf Ziele** ausgegeben:

1. Selbstversorgung der Bevölkerung des Landes mit Nahrungsmitteln, insbesondere auch Sicherung der Versorgung der städtischen Bevölkerung bei stabilen Preisen.
2. Anstieg der bäuerlichen Einkommen zum Abbau regionaler und sozialer Disparitäten.
3. Aus dem gleichen Grund Schaffung von außerlandwirtschaftlichen Arbeitsplätzen auf dem Land.
4. Stärkere Beachtung ökologischer Aspekte und Übernahme ökologischer Ausgleichsfunktionen durch den ländlichen Raum.
5. Einführung neuer Techniken zur Produktionssteigerung, neue Züchtungen sowie Techniken zur Einsparung von Wasser.

Dennoch waren die erzielten Erfolge doch ausschlaggebend dafür, dass das hier praktizierte **Nebeneinander von staatlichem und privatem Wirtschaften** zum Vorbild für den Wandel im industriellen Sektor wurde.

M 9 *Agrarproduktion in China (gerundet auf Mio. t)*

	1949	1978	2001	2002
Getreide	113	305	453	457
Baumwolle	0,4	2	5	5
Ölpflanzen	2,5	5	29	29
Obst	1,2	7	65	70
Fleischwaren	2,2	9	63	66
Fisch	0,4	5	44	46

www.china.org.cn/german/85375.htm und China, 2002. Bejing: Verlag Neuer Stern 2002, S. 94

1.3.4 Chinas Aufstieg zum Industriestaat

Wertschöpfung: Wert aller Waren und Dienstleistungen, die in einem Land erwirtschaftet werden; geht ein in das BIP.
Schwerindustrie: eigentlich nur die Eisen- und Stahlindustrie, im weiteren Sinne aber die gesamte Montanindustrie sowie Eisen verarbeitende Industriezweige, wie z. B. Schiffbau oder Schwermaschinenindustrie.
Dritte-Front-Gebiet: ab ungefähr 1960 der Versuch, das Landesinnere (die „Dritte Front") zu industrialisieren, beispielsweise mithilfe von kleinen bzw. kleinsten Eisen- und Stahlwerken.
Chinesisches Modell: der eigene wirtschaftliche Entwicklungsweg Chinas; wurde vor allem in zahlreichen Ländern der Dritten Welt als modellhaft für die eigene Entwicklung angesehen.
Parallelpolitik: eine Wirtschaftspolitik, die sowohl Markt- als auch Planelemente enthält; seit 1978.
Outsourcing: Ausgliederung von Unternehmensteilen (Produktion, Dienstleistungen) in spezialisierte neue Unternehmensgründungen; in China seit 1997 erlaubt.
Autarkie: unabhängig vom Ausland kann ein Land sich selbst versorgen; 1978 als Ziel der chinesischen Wirtschaftspolitik aufgegeben.

Wirtschaftssonderzonen: Regionen in Südchina, in denen für den Export bestimmte Waren hergestellt werden; dort fanden die ersten Experimente mit der Marktwirtschaft statt.
Devisen: konvertible, also tauschbare Währungen wie US-$, Euro oder Yen; sie benötigt man zum Einkauf auf dem Weltmarkt.
Importsubstitution: der Aufbau von Industrien, welche im Land selbst Produkte herstellen, die bisher primär importiert werden müssen.
Niedriglöhne: im Vergleich zu den hoch entwickelten Industriestaaten besonders niedrige Stundenlöhne; stellen einen entscheidenden Standortfaktor bzw. -vorteil für Länder wie China dar.
Re-Exporte: nach China eingeführte Rohmaterialien oder Halbfertigprodukte werden in China veredelt und dann in die Ursprungsregion reexportiert.
High-Tech-Unternehmen: Unternehmen, die Waren der Hochtechnologie, wie z. B. Computer oder Geräte der Telekommunikation, herstellen; in China lange Zeit stark unterrepräsentiert, mittlerweile aber besonders in den Wirtschaftssonderzonen der Südostküste ein wesentliches industrielles Standbein.

Chinas Industriepolitik war zwischen 1949 und 1958 eng an das Vorbild der Sowjetunion angelehnt. In **Fünfjahresplänen** erklärte man den Wiederaufbau der kriegs- und bürgerkriegszerstörten Industrie sowie die Errichtung einer eigenen **Schwerindustrie** zu den zentralen Zielen. Wie in der Sowjetunion geschah dies auf planwirtschaftlicher Basis in der Form von Kombinaten. Nach dem politischen Bruch zwischen beiden Ländern 1957 versuchte China einen eigenen Weg; in der Landwirtschaft war dies die Errichtung der Volkskommunen, in der Industrie das **Schlüsselprojekt „Dritte-Front"**. Im Binnenraum ließ man Klein- und Kleinstindustrien entstehen, mit denen man die mit rund 80% Anteil dominierende Landbevölkerung mit der industriellen Produktion vertraut machte. Gleichzeitig erreichte man eine gewisse Grundversorgung der Gesamtbevölkerung mit Waren und Gütern – dies unter dem Ziel der **Autarkie**, also der Selbstversorgung und Unabhängigkeit vom Ausland. Vielen Entwicklungsländern erschien dieses **Chinesische Modell** als Vorbild, das nachgeahmt wurde. Trotz der Einbrüche während des so genannten „Großen Sprungs" (1958–61) und der „Kulturrevolution" (1966–76), die ein neues Gesellschaftssystem schaffen bzw. eine „permanente Revolution" sicherstellen sollten, steigerte man den Anteil der Industrie am BIP von 20% im Jahr 1952 auf 45% 1975.

Eine radikale Veränderung mit einer, zuerst vorsichtigen, Öffnung hin zum Westen und zur Marktwirtschaft erfolgte nach Mao Zedongs Tod. Es kam, ähnlich wie in Russland zur **Transformation**, hier aber unter weiterer Kontrolle der kommunistischen Staatsmacht. Neben dem bestehenden planwirtschaftlichen System wurde die Entwicklung eines nichtstaatlichen, marktwirtschaftlichen Sektors erlaubt. Diese **Parallelpolitik** prägt bis heute die Wirtschaft und vor allem die Industrie, wobei der Privatsektor sehr schnell zum Motor der Entwicklung wurde. So wurden in den 1990er-Jahren auch vom Staat her die privatwirtschaftlichen Möglichkeiten, z. B. bei Unternehmensgründungen oder beim Outsourcing, beständig vergrößert, so dass heute schon mehr als die Hälfte aller größeren Wirtschaftsbetriebe nicht mehr in Staatsbesitz ist.

M 10 Anteil der einzelnen Unternehmensformen am Umsatz der chinesischen Wirtschaft (2003)

Staatsunternehmen	47%
Kollektiveigene Unternehmen (eine Art von Genossenschaft)	7%
nichtstaatliche und ausländische Unternehmen	46%

www.china.org.cn/german/85375.htm und China, 2002. Bejing: Verlag Neuer Stern 2002, S.94

Eine herausragende Rolle für diese Entwicklung spielte Chinas Öffnung der Welt gegenüber, sowohl politisch als auch wirtschaftlich. Im Südosten richtete man ab 1980 so genannte **Wirtschaftssonderzonen** ein (Hainan, Zuhai, Kanton, Shenzhen, Shantou und Xiamen) und seit 1984 an der gesamten Ostküste die **Geöffneten Küstenstädte**. Sie entwickelten sich zu „Spielwiesen der Marktwirtschaft und des Kapitalismus" und förderten die Ansiedlung von Privatunternehmen, wobei die Zahl ausländischer Niederlassungen rasch größer wurde, und sie wurden der Ausgangspunkt für die wachsenden chinesischen Exporte. **Schwerpunktziele** in ihnen waren:
– die Herstellung von Exportgütern (für den Devisenerwerb),
– die Bereitstellung von technischem Know-how und von Managementwissen (vor allem durch das Engagement ausländischer Firmen),
– der Aufbau einer Import substituierenden Industrie (Einsparung von Devisen für die Einfuhr entsprechender Produkte),
– die Beseitigung von Engpässen, z. B. in der Energieerzeugung (Importe von Energierohstoffen) oder in der Infrastruktur (Ausbau der Häfen und des Straßen- und Schienennetzes).

Ein Beispiel für eine solche Wirtschaftssonderzone ist **Shenzhen** (die Nachbarstadt von Hongkong, das bis 1997 britisch war), wo man 1980 die erste Zone dieser Art einrichtete. Die Erfolge der Öffnungspolitik sind hier besonders offensichtlich: Heute hat Shenzhen das höchste BIP/Kopf in China, 60% des Frachtflugverkehrs des Landes werden hier abgewickelt, man besitzt den viertgrößten Containerhafen der Welt und erwirtschaftet rund 10% des Außenhandels von China. Ein Hauptgrund für diese Entwicklung hin zu einem der bedeutendsten Wirtschaftsstandorte des Landes sind die rund 42 Mrd. US-$ **ausländische Direktinvestitionen** (bis Ende 2004). Ein weiterer Grund ist die Diversifizierung bei Produktion und Export, die auch für die anderen Küstenregionen typisch ist. Man produziert zwar immer noch Bekleidungsartikel oder (für deutsche und US-amerikanische Firmen) Sportartikel sowie Spielzeug und Ähnliches, ist aber auch zum Zentrum der High-Tech-Industrie geworden. Dass die Gesamtentwicklung in diesen Zonen sich westlichen Standards annähert, zeigt auch der Dienstleistungssektor, der stark an Bedeutung gewinnt, z. B. im Bereich der Finanzdienstleistungen oder im Service- und Logistikwesen.

Auf drei Aspekte muss man bei aller Euphorie hinweisen:
1. Eine wesentliche Grundlage für Chinas Wirtschaftswachstum sind die **niedrigen Löhne**, für die Entwicklung wichtig, schmälern sie jedoch auch den Lebensstandard des Einzelnen erheblich (selbst wenn man sie nach ihrer Kaufkraft umrechnet).
2. Der Aufschwung der Küstenprovinzen hat zu einer enormen Verstärkung der **regionalen Disparitäten** zwischen ihnen und dem Binnenraum geführt, der immer noch ländlich oder im industriellen Bereich von der Grundstoffindustrie geprägt ist. Ergänzt wird dies durch wachsende **soziale Disparitäten** zwischen den Chinesen, die vom Wirtschaftsboom profitieren, und der Verarmung der gering Verdienenden.
3. Das Wirtschaftswachstum von jährlich 10–15% erfolgt auf Kosten einer ebenso ständig wachsenden Umweltbelastung (s. S. 18).

1.3.5 Verstädterungsprozesse

Verstädterungsprozess: Urbanisierungsprozess meint die Zunahme an städtischer Bevölkerung, aber auch die Zunahme der Zahl der städtischen Siedlungen und deren Bevölkerungswachstum.
Satellitenstadt: Entlastungsstadt im Umfeld einer größeren Stadt, die vielfältig ausgestattet ist (Arbeitsplätze, Einkaufsmöglichkeiten, Bildungs- und Freizeiteinrichtungen).

sozialistische Stadt Chinas: ähnlich wie in der Sowjetunion mit Prestigebauten und großem Aufmarschplatz im Zentrum, ansonsten aber von noch größerer Monotonie gekennzeichnet.
Produzentenstadt: nach chinesisch-kommunistischer Ideologie eine Stadt, in der z.B. durch die Ansiedlung von Kombinaten am Stadtrand die Verbindung von Wohnen und Arbeiten besonders betont wird.

Zwar liegt der Anteil der städtischen Bevölkerung in China erst bei rund 40%, dennoch ist der **Verstädterungsprozess** ein besonders augenfälliges Indiz für die Veränderungen im Land. Aufgrund der rigorosen Politik bis 1978, kam es lange kaum zu einer Land-Stadt-Wanderung. Mit der Öffnung Chinas änderte sich dies, da die städtischen Räume, vor allem der Küstenregionen, zu den Kernräumen der wirtschaftlichen Entwicklung wurden (s.S.16). Die Zuwanderung in die Städte, das natürliche Bevölkerungswachstum und die verwaltungsmäßige Erhebung von Orten (ja sogar ganzen Provinzen) zu Städten sorgten für eine Zunahme der städtischen Siedlungen und für einen starken Anstieg ihrer Einwohnerzahl. So wurde die traditionelle chinesische Stadt massiv überformt. In den Innenstädten wurden, auch gegen den Widerstand der Bewohner, ganze Viertel abgerissen und durch Wolkenkratzer ersetzt (herausragendes Beispiel: Shanghai). Diese **Verwestlichung** setzte sich in anderen Bereichen fort, z.B. in der Gestaltung der Geschäftsstraßen oder im Umbau zur **autogerechten Stadt** nach US-amerikanischem Vorbild.

Zwei weitere Vorgänge prägen den Verstädterungsprozess: Der eine ist (ähnlich wie in Russland) eine zunehmende **Segregation** der Bevölkerung. Einkommensschwächere Schichten werden in die Plattenbausiedlungen der Stadtränder abgedrängt oder sogar in neu entstandene Slumviertel, während gleichzeitig statushohe Wohnviertel für eine wachsende Mittel- und Oberschicht entstehen.
Der zweite ist die Entstehung von **Entlastungsstädten** in der Umgebung der Metropolen, mit denen man die Zuwanderung in die Städte zu kanalisieren hofft. Denn obwohl z.B. in Chinas größter Stadt, der **Global City Shanghai**, die Geburtenrate mittlerweile negativ ist, platzt die Stadt wegen des ungebremsten Zuzugs aus allen Nähten. Die **Satellitenstädte** sind die wichtigsten Zielgebiete für die Migranten aus dem Umland. Oft werden sie von einem bestimmten Industriezweig geprägt, wie die Automobilstadt Anting bei Shanghai.

Die Stadtplanung genießt mittlerweile auch aus staatlicher Sicht eine besondere Priorität, da hier die Erfolge, aber auch die Probleme des chinesischen Wirtschaftswunders wie in einem Fokus sichtbar werden.

1.3.6 Chinas wachsende Bedeutung in der Weltwirtschaft

Dumping: Verkauf von Waren unter einem Preis, bei dem man Gewinn erzielen würde.
Handelshemmnisse: mit ihnen versucht man die eigene Wirtschaft zu schützen; tarifäre Hemmnisse sind z.B. Zölle, nichttarifäre sind z.B. Subventionen zur Verbilligung eigener Produkte, technische Normen oder Sicherheitsbestimmungen.
WTO: Welthandelsorganisation; soll die Rahmenbedingungen für einen fairen, liberalen (offenen, mit möglichst wenig Beschränkungen versehenen) Welthandel schaffen; China trat ihr 2001 bei.

Globalisierung: Zusammenwachsen der Weltwirtschaft durch die zunehmende Verflechtung der Waren- und Kapitalströme; Entstehung eines so genannten Welt-Binnenmarktes; ein weiteres Merkmal ist die internationale Arbeitsteilung (z.B. China als „verlängerte Werkbank" Europas, der USA und Japans).
Schlüsselindustrie: Industriezweig, dem für die Wirtschaft eines Landes ganz besondere Bedeutung zukommt; für China vor allem die Automobilindustrie.

Drei Gründe haben Chinas Integration in die Weltwirtschaft bewirkt: Die exportorientierte Entwicklungsstrategie des Staates, die ausländischen Direktinvestitionen, die man ins Land lenken konnte, sowie die Liberalisierung des Welthandels.

China selbst verstieß lange Zeit gegen die liberalen Welthandelskriterien. So basierten die Exporterfolge anfangs auf unfairen Handelspraktiken (Dumping, hohe Importzölle, nichttarifäre Handelshemmnisse) oder auch auf Urheberrechtsverstößen und Markenpiraterie. Die Konflikte, die dadurch entstanden, sind durch den Beitritt Chinas zur **WTO** allerdings reduziert worden. Insgesamt profitiert das Land stark von den **Globalisierungsprozessen** der letzten zwei Jahrzehnte, indem sich China vor allem als **„verlängerte Werkbank"** anbot; heute kommen z. B. rund 50% aller Handy- oder Notebook-Komponenten aus China. Ohne Zweifel wird der nächste Schritt Chinas auf dem Weltmarkt das verstärkte Anbieten eigener Produkte sein.

Eine Schlüsselrolle kam bei allem der Automobilindustrie zu. Hier findet sich beispielsweise bei Shanghai ein Cluster deutscher Autobauer und Zulieferer, das eng mit chinesischen Firmen kooperiert, z. T. in Form von Joint Ventures. Die Kooperation im Automobilsektor ist darüber hinaus mit den USA und Japan besonders intensiv. Der auf dem Export basierende Boom der chinesischen Wirtschaft hat weltweite Folgen, z. B.:
- die massive Konkurrenzzunahme für die traditionell führenden Welthandelsregionen der **Triade** (Nordamerika, Europa, Ostasien ohne China),
- der große Roh- und Grundstoffbedarf Chinas, der trotz eigener hoher Produktion nur durch Importe gedeckt werden kann und den starken Anstieg der Brennstoff- oder der Stahlpreise mit bewirkt hat,
- die Entstehung des größten Devisenreservoirs der Welt (ca. 1 Billion US-$), wodurch China zunehmend als Kreditgeber und Aufkäufer auftreten kann.

M 11 **Die Entwicklung des chinesischen Außenhandels (in Mrd. US-$)**

Jahr	Export	Import	Saldo
1952	0,8	1,1	−0,3
1978	9,7	10,9	−1,2
1988	47,5	55,2	−7,7
1998	183,8	140,2	+43,6
2001	266,1	243,6	+22,5
2006	969,1	791,6	+177,5

China Commerce Yearbook, Ausgaben 1984, 2007. www.yearbook.org.ch/english

1.3.7 Räumliche, soziale und ökologische Auswirkungen des wirtschaftlichen Wandels

Pro-Kopf-Einkommen: häufig benutzter statistischer Mittelwert zur Kennzeichnung des Entwicklungsstandes eines Landes; ergibt sich aus der Division des BIP durch die Bevölkerungszahl.
Depression: Gegenteil von Boom; die Wirtschaft befindet sich an einem Tiefpunkt.
Human-Development-Index (HDI): von der UNO erstellter Index zur Messung und Einstufung des Entwicklungsstandes eines Landes nach wirtschaftlichen und sozialen Indikatoren. Hoch entwickelte Länder haben Werte zwischen 0,80 und 1,0 (weltweit höchster Wert bei Island mit 0,968; Deutschland mit 0,935 auf Rang 22); bei mittlerem Entwicklungsstand liegen die Werte zwischen 0,5 und 0,8 (China: 0,777); gering entwickelte Länder liegen unter 0,5 (z. B. Sierra Leone mit 0,336 auf dem letzten Platz – alle Werte von 2007).
Ökologie: die Lehre vom Naturhaushalt und den Faktoren, die in ihm zusammenwirken.
Umweltressourcen: z. B. landwirtschaftlich nutzbare Flächen oder Süßwasservorräte.

Räumliche Auswirkungen: Das zentrale Problem ist das Anwachsen der **regionalen Disparitäten**. Grundsätzlich lassen sich drei Teilräume unterscheiden, bei denen die Einkommensentwicklung weit auseinanderklafft:
1. die **Wirtschaftssonderzonen** und Küstenprovinzen, in denen sich die Industrie ballt und die den Export des Landes tragen; sie haben am stärksten vom Wirtschaftsboom profitiert;
2. die **altindustriellen Räume**, die vor allem im Nordosten Chinas liegen; mit der Steinkohlenförderung und der Eisen schaffenden Industrie stellten sie einmal das industrielle Rückgrat Chinas dar, befinden sich aber heute z. T. in einer schweren **Depression**; diese Räume bedürfen der Revitalisierung, also Maßnahmen zur wirtschaftlichen Wiederbelebung, wie z. B. eine industrielle **Diversifizierung**;
3. die **Provinzen Mittel- und Westchinas**, die zwar teilweise Rohstoffe besitzen, die aber auch mehrere tausend Kilometer von den prosperierenden Küstenregionen entfernt liegen.
Soziale Auswirkungen: Einerseits haben sich landesweite **soziale Disparitäten** ergeben, die im Wesentlichen dem vorher Beschriebenen entsprechen. Hinzu kommt das gravierende soziale Gefälle in den Städten selbst zwischen einkommensstarken Schichten und beispielsweise dem Heer der Tagelöhner. Trotz aller Bemühungen um einen Ausgleich liegt China z. B. auch heute noch nur auf dem 81. Platz des **HDI**.
Ökologische Auswirkungen: Hier muss man im ländlichen China besonders die Entwaldung, die Bodenerosion und die Desertifikation nennen, im industriellen Bereich den extremen Anstieg der **Schadstoffemissionen** (z. B. weltweit bereits an Nr. 2 beim CO_2 – Ausstoß), den damit verbundenen Smog in den Stadträumen, die Wasserverschmutzung, den stark steigenden **Ressourcenverbrauch** oder die Abfallproblematik.

2 Überprüfen Sie Ihr Wissen
Testaufgaben zur Selbstkontrolle

Kapitel 1.1

1 Der Begriff „Raumweite" erfährt sowohl bei Russland als auch bei China eine ambivalente Füllung. Erläutern Sie diese Zwiespältigkeit.

2 Grenzen Sie die Begriffe Sowjetunion, Russland und GUS voneinander ab.

3 Erklären Sie den Begriff „Transformation".

1.2. Russland:
Kapitel 1.2.1

1 Stellen Sie einen Zusammenhang her zwischen der Bevölkerungsverteilung Russlands und seinen Naturräumen.

2 Erklären Sie, was man unter „Permafrostboden" versteht und wo er vorkommt.

3 Die Schwarzerde ist ein ebenso fruchtbarer wie gefährdeter Boden. Erklären Sie diesen Satz.

4 Fertigen Sie eine Skizze des Agrardreiecks an, in der Sie besonders die nördliche und südliche Begrenzung berücksichtigen.

5 Die großen Ströme haben für Russland eine erhebliche Bedeutung und sind dennoch nur eingeschränkt nutzbar. Erläutern Sie beide Sachverhalte.

Kapitel 1.2.2

1 Definieren Sie den Begriff Planwirtschaft.

2 Erläutern Sie am Beispiel des UKK das Prinzip der industriellen Kombinate.

3 Nennen Sie den Unterschied zwischen einem Kombinat und einem Territorialen Produktionskomplex (TPK).

4 Beschreiben sie (voneinander abgrenzend), was eine Kolchose, eine Sowchose und ein Agrarindustrieller Komplex ist.

Kapitel 1.2.3

1 Analysieren Sie die Tabelle M 4, S. 8 im Hinblick auf die Zukunftsperspektiven der Eurasischen Wirtschaftsgemeinschaft.

Kapitel 1.2.4

1 Stellen Sie Erfolge und Probleme der Transformation im Agrarsektor gegenüber.

2 Nehmen Sie Stellung zu dem Vorhaben, auf dem Land ein eigenes Kreditwesen zu installieren.

Kapitel 1.2.5

1 Erläutern und bewerten Sie die Bedeutung des Energiesektors für den wirtschaftlichen Aufschwung Russlands.

2 Erläutern Sie, inwiefern altindustrielle Räume wie das Kusnezker Becken heute eine Chance auf eine wirtschaftliche Wiederbelebung haben.

3 Bewerten Sie die Bedeutung, die dem Tertiären Sektor in Russland zukommt.

Kapitel 1.2.6

1 Nennen Sie wesentliche Aspekte der Transformation im städtischen Raum.

2 Moskva-City – erläutern Sie die Funktion dieses größten Projekts der Moskauer Stadtplanung.

3 Soziale Segregation ist ein Ergebnis der Transformation besonders in den russischen Metropolen. Erläutern Sie.

1.3. China:
Kapitel 1.3.1

1 Erläutern Sie die Bedeutung des Lössbodens für China.

2 Beschreiben Sie anhand der Diagramme in Material M 7, S. 12 die klimatische Vielfalt Chinas.

3 Erklären Sie, warum die Schwemmlandflächen im Osten und Südosten Chinas die agrarischen Kernräume des Landes sind.

Kapitel 1.3.2

1 Erläutern Sie, wie die Begriffe „Bevölkerungsexplosion" und „Ein-Kind-Programm" zusammengehören.

2 Beschreiben Sie vergleichend die Altersstruktur Chinas und Deutschlands (M 8, S. 13).

3 Bevölkerungsverteilung und Migration – beschreiben Sie die wichtigsten Merkmale.

Kapitel 1.3.3

1 Fertigen Sie eine Tabelle an mit den vier Hauptagrarzonen Chinas und ihren jeweiligen wichtigen Merkmalen.

2 Erläutern Sie einerseits Erfolge, andererseits aber auch Probleme der chinesischen Landwirtschaft seit dem Reformbeginn im Jahr 1978.

3 Nennen Sie die fünf Ziele, die der Staat zur Jahrtausendwende für die Landwirtschaft formuliert hat.

Kapitel 1.3.4

1 Sowohl in der Landwirtschaft als auch in der Industrie kann man von einer „Parallelpolitik" sprechen. Erläutern Sie, was man darunter versteht.

2 Begründen Sie, warum man die „Wirtschaftssonderzonen" als Basis für den Aufschwung Chinas bezeichnen kann.

3 Erläutern Sie die Rolle der ausländischen Direktinvestitionen für die Entwicklung der Industrie.

4 Nennen und erklären Sie drei Einschränkungen, die man hinsichtlich des chinesischen Wirtschaftsbooms machen muss.

Kapitel 1.3.5

1 Erläutern Sie wesentliche Merkmale des Verstädterungsprozesses in China bis heute.

2 Vergleichen Sie die Stadtentwicklung in Russland und China unter dem Aspekt der Transformation.

Kapitel 1.3.6

1 Beschreiben Sie anhand der Zahlen in M 11, S. 18 die Entwicklung des chinesischen Außenhandels zwischen 1952 und 2006.

2 Nennen Sie einige wichtige Aspekte der Bedeutung des Beitritts Chinas zur WTO.

3 „China profitiert vom Globalisierungsprozess." Nehmen Sie zu dieser Aussage bewertend Stellung.

Kapitel 1.3.7

1 Stellen Sie räumliche, soziale und ökologische Auswirkungen des Wandels in China zusammenfassend dar.

Lösungshinweise

Kapitel 1.1

1 Raumweite: Einerseits Gunstfaktor - bietet ein überdurchschnittlich großes Ressourcenpotenzial; bietet darüber hinaus vielfältige menschliche Nutzungsmöglichkeiten. Andererseits hemmender Faktor – fördert regionale Disparitäten; bildet einen Transportnachteil.

2 Sowjetunion: Staat entstand im Zuge der Oktoberrevolution 1917–1923; Grundlage war die kommunistische Ideologie; Auflösung im Dezember 1991,
GUS: Loser Staatenbund in der Nachfolge der Sowjetunion, also seit 1991; umfasst die Nachfolgestaaten der SU außer den Baltischen Staaten,
Russland: Russische Föderation, größter Nachfolgestaat der Sowjetunion.

3 Transformation: Politische, gesellschaftliche und wirtschaftliche Umwandlung vom kommunistisch-planwirtschaftlichen Staat zum demokratisch-marktwirtschaftlichen.

1.2 Russland:
Kapitel 1.2.1

1 Die Bevölkerungsverteilung spiegelt die natürlichen Gunsträume wider; Siedlungsschwerpunkte sind das Osteuropäische Tiefland sowie die südlichen Regionen Sibiriens.

2 Permafrostboden ist ein bis in mehrere hundert Meter Tiefe gefrorener Boden der Kälteregionen, also der Tundra und großer Teile der Taiga. Nur im Sommer taut er oberflächlich auf (Sümpfe).

3 Schwarzerde ist ein aufgrund des mächtigen Humushorizonts fruchtbarer Boden der Steppengebiete. Nach der Ernte, wenn der Boden frei liegt, ist er stark für Erosion (z. B. durch Stürme) anfällig.

4 St. Petersburg — Kältegrenze — Krasnojarsk
zunehmende Kontinentalität
Odessa

5 Die Bedeutung der großen Ströme (Wolga, Ob, Lena, Jenisseij) liegt vor allem im energetischen Bereich (Stromerzeugung durch Wasserkraftwerke); als Transportwege meist ungeeignet, da ungünstige Fließrichtung – gegen die hauptsächliche West-Ost-Transportrichtung.

Kapitel 1.2.2

1 Planwirtschaft ist eine zentral gelenkte Wirtschaft, in der alle Produktionsfaktoren verstaatlicht sind.

2 UKK: Es handelt sich um ein räumliches Kombinat, in dem Rohstoffe (hier Eisenerz, Kohle) über große Entfernungen ausgetauscht werden, um am jeweiligen Endpunkt entsprechende Industrien (hier bes. Eisen- und Stahlerzeugung) aufzubauen.

3 TPKs sind vielfältiger in ihren Verflechtungen und diversifizierter in der Industrie. Darüber hinaus umfassen sie auch die komplette nicht industrielle Infrastruktur, wie Siedlungen, Bildungseinrichtungen...

4 Kolchosen: Landwirtschaftliche Produktionsgenossenschaften; der Boden gehört dem Staat, die Produktionsmittel der Kolchosgemeinschaft. Sowchosen: komplette Staatsbetriebe; auch alle Produktionsmittel sowie die Mitarbeiter sind staatsgebunden. Agrarindustrieller Komplex: seit den 1980er-Jahren; die landwirtschaftliche Erzeugung wird verknüpft mit der Weiterverarbeitung und Vermarktung.

Kapitel 1.2.3

1 Zentraler Aspekt ist das hohe Ungleichgewicht der Mitgliedstaaten, das z. B. bei der Gründung der EWG (heute EU) nicht vorhanden war. Agrarstaaten stehen Industriestaaten gegenüber, solche mit hoher Arbeitslosigkeit anderen mit geringer, positive Handelsbilanzen kontrastieren mit negativen.

Kapitel 1.2.4

1 Erfolge: Privatisierung gelungen; Anstieg der Produktion in den letzten Jahren; Bildung weiterer moderner Agrarindustriekomplexe. Probleme: Verarmung der Kleinbauern; bei diesen zu kleine Parzellen; Rückfall in Subsistenzwirtschaft; immer noch geringe Produktivität.
2 Kapital wird für den ländlichen Raum bereitgestellt, z. B. für eine Mechanisierung. Verschuldungsproblematik gerade bei den Kleinbauern mit geringen Flächen und Erträgen.

Kapitel 1.2.5

1 Der Energiesektor, vor allem Erdöl und Erdgas, tragen die Entwicklung der Wirtschaft durch den hohen Außenhandelsüberschuss, der mit ihrem Export erzielt wird, allerdings nur noch für ca. 20 Jahre Vorräte, also problematische Abhängigkeit.
2 Altindustrielle Räume sind auch in Russland eigentlich Krisengebiete. Sie profitieren aber von weltweit steigender Nachfrage nach Stahl (China!) und vom zunehmenden Interesse an Kohle als Alternative zum teuren Öl und Gas; beide Produktionsbereiche sind hier aufgrund niedriger Lohnkosten günstig und konkurrenzfähig.
3 Tertiärer Sektor heute auch in Russland dominierend, aber: in ihm eingerechnet ist der Informelle Sektor, also Dienstleistungen, die am Fiskus vorbei erbracht werden. Sie sichern zwar Existenzen, sind aber am Steueraufkommen nicht beteiligt und weisen oft mafiose Strukturen auf (Schattenwirtschaft).

Kapitel 1.2.6

1 Aspekte sind: Umgestaltung der Stadtmitte zu einer modernen City; Suburbanisierung mit Entstehung gehobener Wohnformen; Suburbanisierung des Einzelhandels; Entstehung von Büro- und Service-Zentren in der Stadt und am Stadtrand; soziale Segregation; Informeller Sektor (in den Randsiedlungen als Kioskhandel); Sanierung.
2 Moskva-City: ein entscheidender Beitrag zur Entwicklung Moskaus zur Global City durch Entstehung eines Wolkenkratzerviertels mit multifunktionaler Nutzung (Büros – u. a. Ansiedlung Transnationaler Konzerne/Global Players, Hotels, Entertainment, Wellness, Shopping ...).
3 Hierunter versteht man die zunehmende räumliche Trennung sozialer Schichten in Moskau. Gewinner der Transformation ziehen in statushohe Wohngebiete (bis hin zu Gated Communities), verarmte Bevölkerungsteile leben z. T. in unsanierten Plattenbausiedlungen am Stadtrand und werden räumlich und sozial marginalisiert.

1.3 China
Kapitel 1.3.1

1 Lössboden als wichtiger Faktor für die Landwirtschaft; weniger im Lössbergland selbst (dort steile Hänge und tiefe Erosionsrinnen, die die Landwirtschaft behindern) als vielmehr in den Schwemmebenen, wo er von den großen Flüssen abgelagert wird.

2 Harbin: starke Kontinentalität mit sehr kalten Wintern; ganzjährig humid mit fünf nivalen Monaten; typisch für Nordchina (vergleichbar mit Südsibirien);
Hongkong: subtropisches Klima; relativ geringe Temperaturamplitude (sehr milde „Winter"); Sommerregenklima mit hohen Niederschlägen (Sommermonsun); typisch für den Südosten;
Kashi: arides Halbwüstenklima mit geringen Niederschlägen und deutlicher Kontinentalität; typisch für Zentralchina.
3 In den Schwemmlandflächen befinden sich mächtige Lösssedimente; der Lössboden eignet sich aufgrund seiner porösen Kapillarstruktur (sehr gute Regulierung des Wasserhaushalts) besonders gut zum Ackerbau; hinzu kommt die Klimagunst von Chinas Südosten.

Kapitel 1.3.2

1 1. Bevölkerungsexplosion seit ca. 1930/40; als Reaktion darauf (um die Ernährungssicherung zu gewährleisten) 1979 die Einführung der Ein-Kind-Ehe; staatliche Familienplanung umstritten, aber demographisch erfolgreich; China hätte heute sonst ca. 330 Mio. Einwohner mehr.
Beim Altersaufbau noch annähernd eine Pyramidenform;
2 in den Jahrgängen bis 15 Jahren wird der demographische Erfolg der staatlichen Eingriffe in die Familienplanung (Ein-Kind-Ehe) sichtbar; den höchsten Anteil hat die junge produktive Bevölkerung. In Deutschland dagegen deutlich geringere Kinderzahlen, starke Überalterungstendenzen; insgesamt aber auch höhere Lebenserwartung.
3 Zwei Migrationstendenzen dominieren: Landflucht mit Zielrichtung große Städte; auf den Gesamtraum gesehen Abwanderung aus dem Binnenraum in die südöstlichen Küstenregionen.

Kapitel 1.3.3

1 Tabelle soll enthalten:
„Braunes China": zentralchinesische Trockenräume, stark arid – extensive Weidewirtschaft, in den Oasen Baumwoll- und Getreideanbau sowie Sonderkulturen;
„Weißes China": Hochplateaus mit niedrigen Temperaturen und langen Wintern – Gerstenanbau in den Tälern, extensive Weidewirtschaft auf den Ebenen;
„Gelbes China": Nordosten Chinas mit kontinentalem Klima – intensiver Ackerbau (vor allem im Sommer) auf den Schwemmlandflächen der Flüsse (Hwangho u.a.) mit Weizenanbau, Soja, Mais etc.;
„Grünes China": Mittelost- und Südostchina mit warmem und sehr feuchtem Klima – intensiver Ackerbau (vor allem Reis) mit z.T. mehreren Ernten pro Jahr.

2 Erfolge: die Ernährungsbasis ist gesichert; Hungersnöte gibt es seit langem nicht mehr; die Möglichkeit zum privaten Anbau und Verkauf stärkt die Produktion und verbessert die Einkommen auf dem Land.
Probleme: geringe Mechanisierung und Produktivität; Übernutzung der Böden und Belastung der Flüsse; Ab-

satzschwierigkeiten bei den wohlhabenden Schichten, die importierte Nahrungsmittel bevorzugen; geringe Einkommen führen zum Wachsen des Stadt-Land-Gefälles (regionale Disparitäten).

3 Die fünf Ziele sind:
1. Selbstversorgung der Bevölkerung des Landes mit Nahrungsmitteln, insbesondere auch Sicherung der Versorgung der städtischen Bevölkerung bei stabilen Preisen,
2. Anstieg der bäuerlichen Einkommen zum Abbau regionaler und sozialer Disparitäten,
3. aus dem gleichen Grund Schaffung von außerlandwirtschaftlichen Arbeitsplätzen auf dem Land,
4. stärkere Beachtung ökologischer Aspekte und Übernahme ökologischer Ausgleichsfunktionen durch den ländlichen Raum,
5. Einführung neuer Techniken zur Produktionssteigerung, neue Züchtungen und Techniken zur Einsparung von Wasser.

Kapitel 1.3.4

1 *Parallelpolitik:* Eine Politik, die einerseits den staatlichen Dirigismus beibehält, andererseits der privaten Initiative Raum schafft; Nebeneinander von Planwirtschaft und marktwirtschaftlichen Elementen.
2 Wirtschaftssonderzonen im Süden seit 1980 (Beginn mit Shenzhen); erste (erfolgreiche) Versuche mit marktwirtschaftlichen Strukturen; Basen für die Öffnung des Landes – Exporte; heute wirtschaftliche, technologische und finanzielle Zentren mit höchstem Anteil an den ADI.
3 Die ADI haben – verbunden mit einem parallel stattfindenden Technologietransfer – eine große Bedeutung: Geld fließt, wie z. B. in Shanghai, in den Aufbau einer diversifizierten Industriestruktur, die Arbeitsplätze schafft und die die großen Exporterfolge möglich macht. Gleichzeitig bewirken sie eine ständige Modernisierung der Produktion und verbessern die Produktstruktur und -vielfalt.
4 Drei Einschränkungen: das Wachsen der regionalen Disparitäten, vor allem zwischen dem agrarischen Binnenraum und den industrialisierten Küstenregionen; das Wachsen sozialer Disparitäten, z. B. in den Städten zwischen den Transformationsgewinnern und den Tagelöhnern; die starke Umweltbelastung, besonders die Luft- (Emissionen) und Wasserverschmutzung.

Kapitel 1.3.5

1 Wesentliche Merkmale sind:
– Land-Stadt-Wanderung erst seit der Öffnung der Küstenstädte um 1980,
– seitdem Zunahme sowohl der städtischen Bevölkerung als auch der Zahl der Städte; Entstehung von Metropolen,
– Überformung der Städte im Sinne einer Verwestlichung; z. B. Herausbildung einer City,
– Umbau zur autogerechten Stadt,
– Entstehung einer sozialen Segregation mit entsprechender Viertelsbildung,
– Bau von Satellitenstädten zur Entlastung der Kernstadt,
– Bau von Wolkenkratzern in den Metropolen,
– Entwicklung Shanghais und demnächst anderer Metropolen zu Global Citys.

2 Bei einem Vergleich mit Russland gibt es zahlreiche Parallelen. Auch dort findet eine deutliche Verwestlichung statt, Innenstädte werden zu modernen Citys umgebaut, Wolkenkratzer und Dienstleistungszentren entstehen; und auch Moskau ist wie Shanghai auf dem Weg zur Global City.
Im Unterschied zu China betreffen die Vorgänge in Russland im Wesentlichen nur zwei Städte, Moskau und St. Petersburg; in China ist die Zahl größer (Shanghai, Peking, Hongkong, Kanton, Shenzhen ...). In Russland nicht vorzufinden sind neue Städte, die einem bestimmten Wirtschaftszweig zugeordnet werden (s. „Automobilstadt"). Und: Während man in Russland auch saniert, wird in China eher abgerissen.

Kapitel 1.3.6

1 Bis ca. 1980 spielt der Handel aufgrund der Autarkiebestrebungen unter Mao keine Rolle. Er ist defizitär, was sich bis 1988 nicht ändert, als China zum ersten Mal nennenswert am Welthandel teilnimmt. Kontinuierlichen Anstiegen in den 1990er-Jahren mit positiv gewordenem Saldo steht ein explosionsartiges Wachstum bis zum Jahr 2006 gegenüber mit einem Exportüberschuss von rund 177 Mrd. US-$.
2 Aspekte des WTO-Beitritts Chinas: China verpflichtet sich zu einer liberaleren Handelspolitik; es muss sich mehr den Welthandelsstandards anpassen: weniger Schutzzölle zur Abschottung des eigenen Marktes, stärkere Kontrollen bei Patentverstößen und Markenpiraterie.
3 China profitiert einerseits im Exportbereich vom zunehmenden „Weltbinnenmarkt" – der Wegfall von Handelshemmnissen kommt der aggressiven Exportstrategie entgegen. Andererseits konnte sich China in einer globalisierten Wirtschaft besonders gut als „verlängerte Werkbank" zur Herstellung von Produktkomponenten ausländischer Unternehmen anbieten. Und drittens profitiert man von Ansiedlungen ausländischer Unternehmen, von ausländischen Direktinvestitionen und Joint Ventures.

Kapitel 1.3.7

1 Auswirkungen des Wandels sind vor allem:
Räumlich: Zunahme der regionalen Disparitäten, besonders zwischen dem rückständigen Binnenraum und den boomenden Küstenregionen.
Sozial: Zunehmendes Sozialgefälle in den Städten einerseits (Segregation, Marginalisierung) sowie zwischen der einkommensschwachen Land- und der einkommensstärkeren Stadtbevölkerung andererseits.
Ökologisch: Schadstoffemissionen (CO_2, Smog), Wasserverschmutzung, Ressourcenverbrauch, Übernutzung der Böden.

3 Wenden Sie Ihr Wissen an – eine Klausur zum Üben

Energierohstoffe – Russlands Basis für eine goldene Zukunft?

Aufgaben

1. Beschreiben Sie die Entwicklung der Erdöl- und Erdgasförderung in Russland seit 1995 im Vergleich zu anderen Förderländern.
2. Erläutern Sie die Bedeutung des Erdöl- und Erdgasexports für die Russische Föderation. Gehen Sie dabei auch auf Deutschland als Abnehmerland ein.
3. Vergleichen und bewerten Sie die Warenstruktur der russischen Importe und Exporte.
4. Nehmen Sie Stellung zu der Ausgangsfrage: „Energierohstoffe – Russlands Basis für eine goldene Zukunft?"

M1 Die Entwicklung der Erdölförderung der wichtigsten Förderländer 1995–2004 (Mio. t)

	1995	1998	2001	2004	Reserven
Saudi-Arabien	428	443	407	488	35 409
Russland	311	307	378	457	8 163
USA	384	368	350	327	3 026
Iran	184	188	171	198	12 263
Mexico	151	174	179	191	1 717
China	149	160	170	173	2 500
Venezuela	152	172	163	164	10 881
Norwegen	139	150	157	147	1 379
Welt gesamt	3 269	3 519	3 552	3 821	173 300

ExxonMobil Central Europa GmbH 2000, 2003. Fischer Weltalmanach 2007. Frankfurt: Fischer Taschenbuchverlag 2006, S. 679

M2 Die Entwicklung der Erdgasförderung der wichtigsten Förderländer 1995–2004 (Mrd. m³)

	1995	1998	2001	2004	Reserven
Russland	595	590	581	625	47 544
USA	530	538	552	530	5 192
Kanada	159	172	186	184	1 701
Großbritannien	50	96	109	101	695
Niederlande	84	80	72	84	1 755
Iran	35	50	61	84	22 988
Norwegen	27	48	68	81	2 188
Algerien	58	74	84	80	4 520
Welt gesamt	2 209	2 349	2 534	2 690	170 942

ExxonMobil Central Europa GmbH 2000, 2003. Fischer Weltalmanach 2007. Frankfurt: Fischer Taschenbuchverlag 2006, S. 680

M3 Gazprom – Russlands größter Konzern

„Gazprom ist das größte Erdgasunternehmen der Welt. Es verfügt über ein Fünftel aller bekannten Gasreserven der Welt und erbringt 8 % der Industrieproduktion sowie 20 % der Steuereinnahmen Russlands. Im vergangenen Jahr (2002) erlöste es mit seinen 300.000 Mitarbeitern umgerechnet 17 Mrd. Euro und wies einen Überschuss von 1,5 Mrd. Euro aus. Der Staat besitzt über direkte und indirekte Beteiligungen 51 % der Aktien von Gazprom, 6,5 % liegen bei der deutschen Ruhrgas AG ... Zwei Schlüsselvorhaben ... sind die Erschließung der riesigen Gasvorkommen auf der Halbinsel Jamal und die Förderung der Vorkommen in Sibirien. Das Jamal-Erdgas ist u. a. für Westeuropa bestimmt. Dafür soll bis 2010 eine Rohrleitung von St. Petersburg durch die Ostsee über Deutschland bis nach England gelegt sein."

F.A.Z. vom 09.06.2003, stark gekürzt

M4 Deutschland als Abnehmer von russischem Erdöl und Erdgas

a) Erdgasimporte Deutschlands 2005 (Mrd. m³)

Herkunftsländer	Menge
Russland	40,2
Norwegen	30,5
Niederlande	24,4
Sonstige	7,5
Deutsche Förderung	19,2
Verbrauch gesamt	121,8

b) Erdölimporte Deutschlands 2005 (%-Anteile der Lieferländer; Gesamtmenge: 148,333 Mio. t)

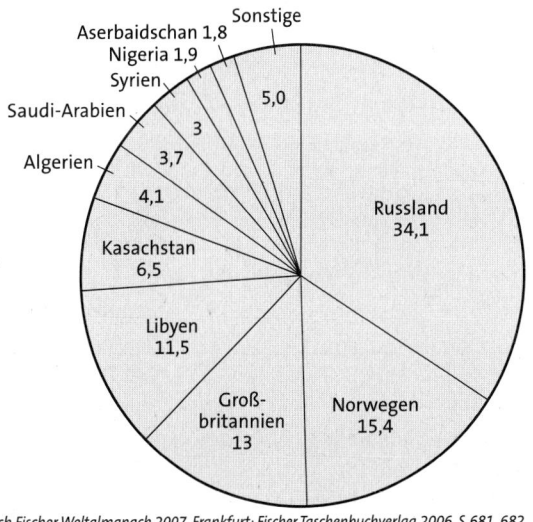

- Russland 34,1
- Norwegen 15,4
- Großbritannien 13
- Libyen 11,5
- Kasachstan 6,5
- Sonstige 5,0
- Algerien 4,1
- Saudi-Arabien 3,7
- Syrien 3
- Nigeria 1,9
- Aserbaidschan 1,8

Nach Fischer Weltalmanach 2007. Frankfurt: Fischer Taschenbuchverlag 2006, S. 681, 682

M 5 Russische Im- und Exporte 2004 nach Warengruppen (%)

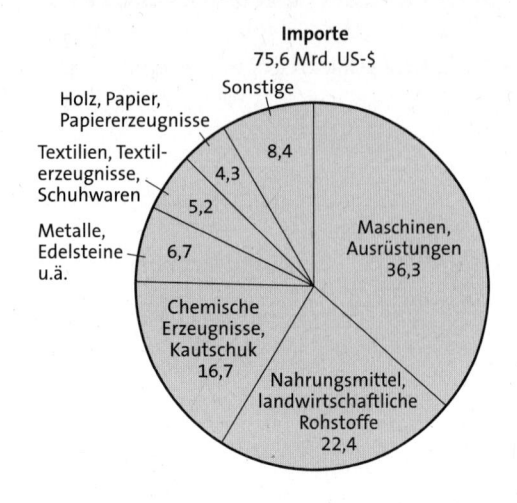

Importe 75,6 Mrd. US-$
- Sonstige 8,4
- Holz, Papier, Papiererzeugnisse 4,3
- Textilien, Textilerzeugnisse, Schuhwaren 5,2
- Metalle, Edelsteine u. ä. 6,7
- Chemische Erzeugnisse, Kautschuk 16,7
- Nahrungsmittel, landwirtschaftliche Rohstoffe 22,4
- Maschinen, Ausrüstungen 36,3

Exporte 181,7 Mrd. US-$
- Sonstige 5,3
- Holz, Papier, Papiererzeugnisse 4,4
- Chemische Erzeugnisse 7,0
- Maschinen, Ausrüstungen 9,5
- Metalle, Edelsteine u. ä. 18,6
- Brennstoffe, mineralische Rohstoffe 55,2

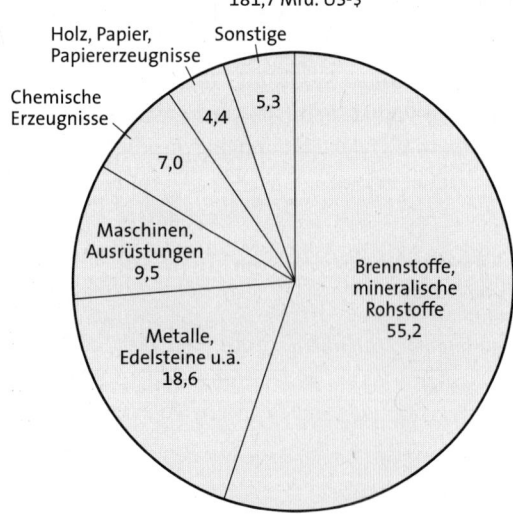

Dresdner Bank, Osteuropainformationen 2005

M 6 Preisentwicklung des Erdöls 1970–2007

Ölpreis pro Fass (US-$)
Ölpreis 1985–2007
- Einführung Netback-Preise
- 2. Golf-Krieg
- Finanzkrise in Asien
- 11.9.2001
- 3. Golf-Krieg
- Wirbelsturm Katrina

www.wikipedia.de, Jan. 2008, aktualisiert

Lösungshinweise

Vorkenntnisse

Zur Lösung benötigen Sie folgende Vorkenntnisse:
- wirtschaftliche Vorgänge im Rahmen des Transformationsprozesses,
- Grundbegriffe und räumliche Aspekte zur Wirtschaft und vor allem zu Rohstoffen/Ressourcen,
- Grundbegriffe und Kenntnisse zu Handelsbeziehungen, Ex- und Importen,
- Kenntnisse zur Problematik einseitiger Wirtschaftsausrichtungen bzw. Monostrukturen.

Aufgabe 1
Anforderungsbereich I
Bewertung: 15 %

Bis Ende der 1990er-Jahre ist, wohl immer noch in der Folge des Transformationsprozesses, sowohl bei der Erdöl- als auch bei der Erdgasförderung eine Stagnation zu erkennen – diese allerdings auf hohem Niveau. So hat man schon 2001 beim Erdöl weltweit den zweiten Platz hinter Saudi-Arabien inne, und beim Erdgas führt man die Rangliste der größten Förderländer sogar knapp vor den USA an.

Eine deutliche Veränderung ergibt sich dann bis 2004. Russland steigert, vielleicht durch Neuerschließungen, vielleicht aber auch durch die Modernisierung alter Förderanlagen, seine Produktion stark. Beim Erdöl rückt man mit 457 Mio. geförderten Tonnen nahe an den Spitzenreiter Saudi-Arabien heran, beim Erdgas baut man die Spitzenposition mit 625 Mrd. m³ deutlich aus. Insgesamt ist Russland bei diesen weltweit wichtigen Rohstoffen zu einem der bedeutendsten Förderländer und damit zu einem der wichtigsten Lieferländer geworden.

Ein Problem liegt allerdings offensichtlich in den Reserven. Der hohen Förderung stehen hier beim Erdöl im Vergleich zu anderen Ländern und deren Fördermengen (z. B.: Saudi-Arabien, Iran oder Venezuela) relativ geringe Reserven gegenüber. Anders ist die Situation allerdings beim Erdgas, wo man über fast ein Drittel der weltweit bekannten Vorräte verfügt.

Aufgabe 2
Anforderungsbereich II
Bewertung: 35 %

Die Bedeutung der Erdöl- und Erdgasexporte für Russland ist überragend groß. Zusammen mit anderen Brennstoffen und mineralischen Rohstoffen machen sie 2004 mehr als die Hälfte aller Exporte aus (55 %). Dabei sind die steigenden Preise – beim Erdöl nähert man sich Ende 2007 der 100 US-$ - Marke für ein Barrel – der